PRAXIS
ideen
Schriftenreihe für
Bewegung, Spiel und Sport

Volleyballtraining
Das Baukastensystem

Til-Christopher Kittel / Heidemarie Lamschik /
Olaf Kortmann / Ernst-Joachim Hossner

hofmann

Bibliografische Information der Deutschen Nationalbibliothek

Die Deutsche Nationalbibliothek verzeichnet diese Publikation in der Deutschen Nationalbibliografie; detaillierte bibliografische Daten sind im Internet über http://dnb.d-nb.de abrufbar.

Bestellnummer 2631

Zeichnungen: Heidemarie Lamschik

Fotos: USC Münster, 1. Bundesliga Frauen (Til-Christopher Kittel)

Erschienen als Band 63
der PRAXISIDEEN – Schriftenreihe für Bewegung, Spiel und Sport.

Druck und Verarbeitung: Media-Print Informationstechnologie GmbH, Paderborn
Printed in Germany · ISBN 978-3-7780-2631-1

INHALT

Kapitel 4   **Das Volleyballtechnikgebäude-Training:**
von Bausteinen zu Situationen des Spiels   **87**

Vorwort

Bücher haben in der Regel eine Vorgeschichte – dieses Buch hat gleich zwei. Die erste Vorgeschichte lässt sich datieren auf das Jahr 1994, als in einem Berliner Café ein frisch promovierter Bewegungswissenschaftler auf den Trainer des aktuellen Deutschen Meisters im Herren-Hallenvolleyball traf. Die Frage des Wissenschaftlers – es handelt sich um den vierten von uns – war, ob sich aus seiner Arbeit über „Module der Motorik" Konsequenzen für das Volleyball-Techniktraining ableiten ließen; die Frage des Bundesligatrainers – der dritter von uns – war, wie für den deutschen Spitzenvolleyball eine „Philosophie" des Techniktrainings begründet werden könnte. Der sich in den nächsten Monaten und Jahren anschließende Gedankenaustausch mündete in einem modularen Konzept des Volleyball-Techniktrainings, in praxisorientierter Übersetzung: im Konzept des *Techniktrainings nach dem Baukastenprinzip*. Der Ansatz erschien vielversprechend. Dass nach einer Reihe gemeinsamer DVV-Symposiumsbeiträge das für 1997 geplante gemeinsame Buch nicht zustande kam, lag an auslastenden beruflichen Herausforderungen, die die akademische Laufbahn auf der einen und das Amt des Volleyball-Bundestrainers auf der anderen Seite mit sich brachten. Zwar fand in den Folgejahren das Baukasten-Konzept durchaus Resonanz in der Sportwissenschaft und wurde beispielsweise in Standardwerken wie „dem" Meinel-Schnabel oder „dem" Hohmann-Lames-Letzelter aufgegriffen, eine vollständige Ausarbeitung für das Volleyballtraining fand letztlich jedoch nicht statt.

An dieser Stelle schließt sich die zweite Vorgeschichte dieses Buches an, zu datieren auf das Jahr 2005, als der erste und die zweite von uns in ihrer gemeinsamen Verbandstrainerfunktion auf der Suche nach einem Leitfaden für die Trainerausbildung in Nordrhein-Westfalen das Konzept entdeckten. In der Anwendung hat sich der Baukasten-Ansatz sowohl für Trainernovizen als auch für Leistungstrainer vielfach bewährt. Es häuften sich daher die Bitten „angesteckter" Lehrgangsteilnehmer, das vorgestellte Konzept, mit Praxisbeispielen unterfüttert, in Buchform zu bringen. Dieser Wunsch nach Verschriftung führte zu einem Zusammentreffen der „jungen" mit den „alten" Entwicklern. Das Ergebnis dieses Zusammentreffens wird in diesem Buch zusammenfassend dargestellt. Wie wir denken, ist der Ansatz des Techniktrainings nach dem Baukastenprinzip auch 20 Jahre nach den ersten Keimen noch trainingsrelevant und aktuell wie ehedem. Sollten sich Volleyballtrainerinnen und -trainer in ihrem Techniktraining durch das hier vorgestellte Konzept bereichert fühlen, würde uns dies sehr freuen.

Til-Christopher Kittel, Heidemarie Lamschik,
Olaf Kortmann und Ernst-Joachim Hossner

Techniktraining nach dem Baukastenprinzip: Grundlagen aus Theorie und Praxis

Kapitel

1

Einführung

Kompetente Volleyballtrainerinnen und -trainer geben im Training nicht nur Übungen vor, sie haben auch klare Vorstellungen dazu, warum die durchgeführte Übung sinnvoll ist, aus welchen Gründen sie also einen positiven Transfer von einer Übung auf eine Spielsituation erwarten. Typischerweise bilden Trainerinnen und Trainer diese Vorstellungen in der Art eines „Puzzles" aus: Einige Übungen haben sie von Kollegen übernommen, andere haben sie selbst entworfen und nach guten Erfahrungen in die eigene Übungssammlung übernommen; einige Begründungen resultieren aus dem Austausch mit Volleyball-Experten, andere Begründungen lassen sich auf die Trainerausbildung oder ein sportwissenschaftliches Studium zurückführen. Zusammenfassend: Um Volleyballtraining kompetent zu planen, zu leiten und auszuwerten, sind Begründungen notwendig, zumindest aber hilfreich.

Begründetes Volleyball-Training

Für den im Mittelpunkt dieses Buches stehenden Ansatz des Techniktrainings nach dem Baukastenprinzip sollen diese Begründungen in diesem Kapitel geliefert werden. Dabei wird zunächst die Grundfrage nach transferorientiertem Techniktraining behandelt, um dann Antworten zu erörtern, die von der Sportpraxis auf diese Frage gegeben werden. Diese Antworten lassen sich verschiedenen sportwissenschaftlichen Positionen zuordnen. Wie sich zeigen wird, erweist sich bei einer Abwägung dieser Positionen unter wissenschaftlichen Gesichtspunkten ein technikorientierter Trainingsansatz anderen Alternativen als überlegen. Das hieraus abgeleitete Techniktraining nach dem Baukastenprinzip basiert auf der Annahme, dass bei der Lösung von Spielsituationen Spieler in so etwas wie einen „Technikbaukasten" hineingreifen und aus „Technikbausteinen", die auf spezifische Aspekte der Spielsituation zugeschnitten sind, ein „Technikgebäude", also die äußerlich sichtbare Bewegungslösung, zusammenstellen. Wie diese Vorstellung im Detail aussieht und wie sich der Volleyball-Technikbaukasten in den langfristigen Trainingsprozess eingliedert, wird in den letzten Abschnitten dieses Kapitels behandelt werden. Auch die Frage, in welcher Beziehung das Konzept zu anderen Sportspielvermittlungskonzepten steht – insbesondere zu der sportspielübergreifenden „Ballschule" von Roth und Kröger (1999; 2011) und dem „spielgemäßen" Volleyball-Vermittlungskonzept von Kröger (2010) –, wird hier aufgegriffen.

Grundlagen aus Theorie und Praxis

Das Grundproblem: Transferorientiertes Techniktraining

Techniktraining im Volleyball

Nach ein paar Jahren Vereinstraining fällt es einem vielleicht schwer, sich an die allerersten Erfahrungen zurückzuerinnern, die man mit dem Volleyballspiel gesammelt hat. Was waren das für Zeiten, als der Ball mehr mit einem selbst gespielt hat als man selbst mit dem Ball? Wie war das noch, als die Finger beim Pritschen schmerzten, als der Ball bei Baggerversuchen immer wieder an die eigene Nase gesprungen ist und als der Ballwechsel, wenn denn überhaupt der Aufschlag gelungen war, regelmäßig mit der nächsten Ballberührung beendet war? Wenn all dies inzwischen ganz anders ist, wenn man sich also inzwischen darüber ärgert, dass der angenommene Ball etwas zu weit links beim Zuspieler landet, dass das Zuspiel etwas zu nah ans Netz gerät oder dass der angegriffene Ball geblockt wird, dann liegt zwischen diesen Erfahrungen eine Menge an Techniktraining.

Grundtechniken und Technikvarianten

Von Techniktraining spricht man im Sport immer dann, wenn sogenannte sportmotorische Fertigkeiten im Mittelpunkt des Trainings stehen, es im Volleyballtraining also beispielsweise um die Technik des Sprung-Flatterautschlags, der Annahme von harten Sprungaufschlägen, des Pritschens im Sprung, des Hinterfeldangriffs oder der oberen Feldabwehr geht. Für den Anfängerbereich findet man in der volleyballspezifischen Literatur hierzu eine Vielzahl von Übungsvorschlägen für den Erwerb der in Abbildung 1 veranschaulichten Grundtechniken, im Volleyball also für das Pritschen, Baggern, den Aufschlag von unten und oben, den Angriffsschlag und das Blockieren. Alle weiteren Techniken – das Zuspiel im Sprung über Kopf, den Abwehrbagger, den Handgelenksangriffsschlag usw. – kann man als Varianten dieser Grundtechniken auffassen, also als Techniken, die sich im Fortgeschrittenenbereich aus den Grundtechniken heraus entwickeln lassen. Im Vergleich zu den wenigen Wochen, in denen man sich mit dem Erwerb der Grundtechniken befassen muss, betrifft das Techniktraining in allen weiteren Jahren, die man mit dem leistungsorientierten Volleyballspiel verbringt, den Erwerb genau dieser Technikvarianten sowie deren Optimierung. Die Technikoptimierung kann sich dabei auf den konditionell-energetischen Bereich beziehen, etwa dann, wenn man zur Optimierung des Angriffsschlags Sprungkrafttraining betreibt. Die Maßnahme kann aber auch den koordinativ-technischen Bereich betreffen, etwa dann, wenn Block und Angriffsschlag schon sehr gut beherrscht werden und im Techniktraining das Ziel angesteuert wird, sich nach dem Blocksprung schnell vom Netz zu lösen, um die optimale Anlaufposition zum Schnellangriff zu finden. Im Techniktraining auf gehobenem Leistungsniveau geht es (fast) nur noch um Optimie-

Abb. 1: Techniken des Volleyballspiels. Beim Techniktraining geht es darum, die Übungen so auszuwählen, dass ein hoher Transfer von der Übungs- zur Spielsituation gewährleistet wird.

rungsübungen dieser Art. Wie wir sehen werden, bietet der Ansatz des Techniktrainings nach dem Baukastenprinzip – unter der Überschrift des „Technikgebäudetrainings" – für genau diesen Leistungsbereich eine Systematik zur Strukturierung des Trainings an.

Betrachtet man den Bereich des Techniktrainings mit dem Ziel der Technikoptimierung etwas genauer, dann stößt man als Trainerin oder Trainer auf zwei Fragen, die beantwortet sein wollen, wenn man ein begründetes Techniktraining durchführen will. Die erste lautet schlicht und einfach: Was will ich durch die Trainingsmaßnahme verbessern? Diese Frage kann man nur dann gut beantworten, wenn man eine Idee dazu hat, was sich innerlich in den Sportlern abspielt, wenn sie eine Bewegung produzieren, die der idealen Technik mehr oder weniger entspricht. In der Wissenschaft spricht an dieser Stelle von „motorischer Kontrolle". Im Ansatz des Techniktrainings nach dem Baukastenprinzip wird die Frage nach dem Was so beantwortet, dass sich das

Das Was und Wie der Technikoptimierung

Training auf motorische „Technikbausteine" beziehen soll, die Spieler im Laufe ihres Sportlebens erwerben. Die zweite Frage ist die Wie-Frage, die sich darauf bezieht, durch welche konkreten Trainingsmaßnahmen man dieses Ziel erreichen will. Zu dieser Frage zeigt die Trainingspraxis, dass auf gehobenem Leistungsniveau nur in den seltensten Fällen eine einfache Anweisung oder Korrektur ausreicht, um die angezielte Veränderung zu erreichen. In der Regel ist es vielmehr so, dass eine Technikoptimierung auch der praktischen Übung bedarf. Die Aufgabe des Trainers ist es dann, die Übungen so auszuwählen, dass der Transfer von der durchgeführten Übung auf die angezielte Spielsituation maximiert wird. Transferorientierung wird auf diese Weise zu einem Grundproblem des Techniktrainings.

Übungsspezifität als Transferbedingung Wie in einer Vielzahl von sportwissenschaftlichen Experimenten bestätigt werden konnte (für einen Überblick vgl. bspw. Magill, 2011), kann man für das Problem des Transfers im Techniktraining die folgende Faustregel formulieren: Der Transfer fällt umso größer aus, je mehr die Übungs- der Zielsituation entspricht. Eine Übung, in der beispielsweise direkt nach dem eigenen Ballanwurf zum Zuspieler noch ein zusätzlich zugerollter Ball mit dem Fuß zum Trainer zurückgepasst werden soll, stellt nach dieser Regel eine weitestgehende Zeitverschwendung dar, denn die Übungssituation weist mit der Zielsituation nahezu keine Überschneidung auf. Deutlich zu bevorzugen wäre im Vergleich hierzu die schlichte, aber konsequente Alternative, die Spielerinnen oder Spieler fortlaufend mit der Zielsituation zu konfrontieren, also möglichst genau in der Weise, wie sie sich auch unter Spielbedingungen darstellt (Voigt, 2003). Tatsächlich sprechen für diese Alternative wissenschaftliche Studien, die belegen, dass es vor allem auf den Umfang der jahrelangen spezifischen Trainingserfahrungen ankommt, die einen Experten zu einem Experten macht (Ericsson, Krampe & Tesch-Römer, 1993; für Ballsportarten: Baker, Côté & Abernethy, 2003). Damit könnte man meinen – und viele tun das auch – das Problem wäre auf eine einfache Art und Weise zu lösen, nämlich: „Spielen lernt man nur durch Spielen". Der Ansatz des Techniktrainings nach dem Baukastenprinzip gibt sich jedoch mit dieser schlichten Antwort nicht zufrieden, da zur Steigerung der Transferwirkungen Akzentuierungen gefordert werden. Betrachtet man die Grundidee des Ansatzes, nach der sich Techniken aus Bausteinen zusammensetzen, können diese Akzentuierungen in zweierlei Form vorgenommen werden, einmal als „Technikbausteintraining", bei dem eine Akzentuierung auf eine spezifische Teilkompetenz erfolgt, und einmal als „Technikgebäudetraining", bei dem es um die Einbindung der Bausteine in die Lösung der Gesamtsituation geht. Der Ansatz liefert auf diese Weise nicht nur Antworten auf die Was-, sondern auch auf die Wie-Frage des Techniktrainings und somit eine umfassende Grundlage zur Gestaltung von Trainingsübungen.

Fertigkeits- und situationsspezifische Ansätze der Trainingspraxis

Blickt man in die Welt der Praxis des Volleyballtrainings, begegnet man der am Ende des vorangegangenen Abschnitts geführten Diskussion um die Spezifität von Trainingsübungen insofern wieder, als unterschiedliche „Schulen" erkennbar werden (für den Überblick vgl. Kittel & Lamschik, 2014). Die unterschiedlichen Ansätze werden nämlich – zumindest zwischen den Zeilen – damit begründet, dass ausgeprägter Transfer entweder abhängt von einer hohen Übereinstimmung von der in Übungs- und Zielsituation geforderten Bewegungsfertigkeit oder, unabhängig von der Bewegung, von einer hohen Übereinstimmung der Übungs- und Zielsituation selbst. Betrachten wir diese Ansätze ein wenig genauer, kommt man zu der in Abbildung 2 veranschaulichten

Fertigkeits- und Situationsspezifität des Techniktrainings

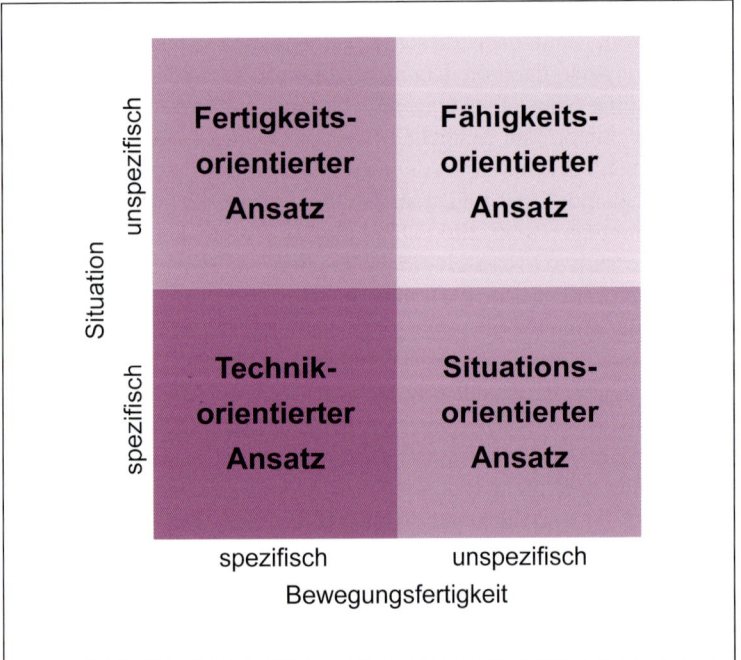

Abb. 2: Ansätze des Techniktrainings im Volleyball. Je nachdem, ob im Training fertigkeits- oder situationsspezifisch geübt werden soll, ergeben sich unterschiedliche Orientierungen des Techniktrainings.

Systematik, die in ähnlicher Form bereits von Hossner und Szymanski (1994) in die Diskussion um das Techniktraining im Volleyball eingebracht wurde. Unterschieden werden hier in Abhängigkeit von der geforderten Spezifität der Trainingssituation und/oder der auszuführenden Bewegungsfertigkeit vier Ansätze, nämlich ein technik-, ein fertigkeits-, ein situations- und ein fähigkeitsorientierter Ansatz des Techniktrainings. Schauen wir uns diese Ansätze zunächst genauer an, bevor sie im dann folgenden Abschnitt vergleichend besprochen werden.

Der technik-orientierte Ansatz

Im technikorientierten Ansatz wird davon ausgegangen, dass die Technik – zu übersetzen als Lösung einer situativen Bewegungsaufgabe – genau so geübt werden muss, wie sie im Wettkampf gefordert wird. Jede Veränderung der situativen Bedingungen oder der geforderten Bewegung würde also unweigerlich mit Einbußen im Hinblick auf die Transferwirkung verbunden sein. Im Mittelpunkt des Techniktrainings stehen nach diesem Ansatz also Volleyball-Aufschläge, Zuspiele zum Angriff, Bewegungen zum Doppelblock usw. und dies in möglichst wettkampfnaher Übungsgestaltung. Veränderungen im Vergleich zum Wettkampf ergeben sich allein dadurch, dass das Technikelement aus der Handlungskette herauslöst wird und mehrfach hintereinander geübt wird, dass die Technik in einen konditionellen Zusammenhang gebracht wird und beispielsweise nach spieltypischer Vorbelastung zu produzieren ist oder dass taktische Vereinfachungen vorgenommen werden, beispielsweise hinsichtlich der Zahl der erlaubten Variationen, vielleicht aber auch taktische Erschwerungen, beispielsweise durch Zusatzaufgaben, die die spieltypische Zielsetzung der situativen Aufgabe nicht im Kern verändern. Dem technikorientierten Ansatz – nochmals: mit „Technik" verstanden als Lösung einer situativen Bewegungsaufgabe – lässt sich beispielsweise das spielgemäße Konzept von Kröger (2010) zuordnen.

Der fertigkeits-orientierte Ansatz

Als ein wichtiger Aspekt des technikorientierten Ansatzes wurde soeben die Forderung nach Situationsspezifität der Trainingsübungen herausgestellt. Beim fertigkeitsorientierten Ansatz wird auf diese Forderung nach Spezifität der situativen Einbindung verzichtet. Dieser basiert eher auf dem Grundgedanken, dass die Fertigkeit, die sich aus einer Situationsanalyse ergibt, vorrangig ist; die Bewegungsausführung steht daher mit der Spielsituation selbst weniger eng in Verbindung. Die Fertigkeitsdarbietung mag man dann beispielsweise mit dem Aufruf eines zentral gespeicherten „Motorikprogramms" in Verbindung bringen, wie dies Schmidt (1975) in seiner Programmtheorie getan hat. Techniken des Volleyballspiels können nach diesem Verständnis in ähnlicher Weise trainiert werden wie beispielsweise Techniken des Kunstturnens, also völlig losgelöst von der typischen situativen Einbindung. In der Trainingspraxis würden nach diesem Ansatz Übungen durchgeführt wie Zielpritschen auf den Basketballkorb, Zuspielbagger parallel zum Netz in der Dreiergruppe mit Nachlaufen oder wiederholt koordinierte Anlaufbewegungen zum Doppelblock auf der IV ohne gegnerischen Angriff. Für diesen Ansatz ist in der Volleyballliteratur eine Vielzahl von Übungsvorschlägen auszumachen (klassisch bspw. Fröhner, Radde & Döring, 1976, neuer bspw. Anrich, Krake & Zacharias, 2005).

Der situations-orientierte Ansatz

Der situationsorientierte Ansatz steht dem soeben skizzierten fertigkeitsorientierten Ansatz insofern gegenüber, als – genau umgekehrt – eine Spezifität der Situation gefordert wird, nicht aber notwendigerweise eine Spezifität der in der Übungssituation auszuführenden Bewegungsfertigkeit. Dieser Ansatz beruht auf dem Grundgedanken, dass Sportspieltechniken durch ihre situative Einbindung erst definiert werden. Das Herauslösen der äußerlich sichtbaren Bewegung aus dem situativen Zusammenhang – wie zuvor an den Übungsbeispielen zum fertigkeitsorientierten Ansatz verdeutlicht – würde dann unweigerlich dazu führen, dass das Eigentliche der Bewegungsaufgabe verloren ginge, anstelle der Volleyballtechnik so etwas wie „Bewegungskunststücke" geübt würden und deshalb der Transfer auf die Zielsituation gering ausfiele. Vollständig ausgearbeitet findet man den situationsorientierten Ansatz bei Loibl (2006), der für das Basketballspiel einen „genetisches" Lehr- und Lernkonzept vorlegt hat. In der Übertragung auf das Volleyballtraining wären diesem Ansatz Übungen zuzuordnen, in denen im Kleinfeldvolleyball der Ball einmal pro Angriffsaufbau gefangen werden darf, die Einbindung der Aktion in die spezifisch-situative Handlungskette „Annahme – Zuspiel – Angriff" von dieser Fertigkeitsveränderung aber unberührt bleibt. Für das Volleyballspiel findet man beispielsweise bei Wagner (1989; 1990) Vorschläge für eine „resultatsorientierte Fehlerkorrektur", die in ihrer Kernidee dem situationsorientierten Ansatz entsprechen.

Der fähigkeits-orientierte Ansatz

Der fähigkeitsorientierte Ansatz schließlich ist durch die Annahme gekennzeichnet, dass die situationsangemessene Ausführung von Bewegungsfertigkeiten auf der Ausprägung von allgemeinen unspezifischen Fähigkeiten beruht. In dieser Annahme folgt der Ansatz der Beobachtung, dass im konditionellen Bereich ein allgemeines Training der Sprungkraft ja auch fertigkeitsübergreifende Transferwirkungen zeigt und sich dann in verschiedenen Situationen positiv auswirkt, sei es bei der Ausführung des Volleyballangriffsschlags oder des Hochsprungs in der Leichtathletik. Übertragen auf den Bereich der Technikkoordination liegt es dann nahe, neben den konditionellen auch koordinative Fähigkeiten anzunehmen, die in ähnlicher Weise technikübergreifend wirken. Genau diesem Gedankengang hat sich in der Vergangenheit eine Reihe von Sportwissenschaftlern verschrieben, wobei die in ihren Grundlagen von Hirtz (1985; 2007) erarbeiteten Unterteilung des koordinativen Fähigkeitsbereichs in eine Differenzierungs-, Kopplungs-, Reaktions-, Orientierungs-, Gleichgewichts-, Umstellungs- und Rhythmisierungsfähigkeit in der Sportpraxis wohl die größte Verbreitung erfahren hat (Auflistung in der Fassung von 2007). Nach dem fähigkeitsorientierten Ansatz würde man sich hohe Transferwirkungen beispielsweise auch dann versprechen, wenn man mit drei Volleybällen jongliert, da dies das „Ballgefühl" als besondere Ausprägung der Differenzierungsfähigkeit schulen sollte. Und besteht die Übung darin, dass der Spieler in Bauchlage auf der Grundlinie mit Blickrichtung Netz darauf wartet, dass der Trainer hinter ihm einen Ball ins Feld wirft und er daraufhin aufstehen, eine ganze Körperdrehung ausführen und den Ball noch vor dem zweiten Aufprellen hochspielen muss, dann würde hiermit die Reaktions-, Orientierungs- und Umstellungsfähigkeit verbessert. Ein gesteigertes Fähigkeitsniveau sollte sich dann wiederum positiv auf das volleyballspezifische Leistungsvermögen auswirken, da auch im Volleyball das Reagieren auf Reize, die Orientierung im Raum und die Umstellung auf neue Anforderungen wichtige Voraussetzungen darstellen, um hohe Leistungen zu erbringen. Übungsvorschläge für das Volleyballtraining, die in dieser Weise auf hohen Transfererwartungen vom Üben unspezifischer Bewegungen in unspezifischen Situationen beruhen, findet man in der Literatur häufig, in systematisierter Form vielleicht am besten zusammengestellt von Dannenmann (1985).

Spezifitätshypothese, Effektkontrolle und modulare Strukturen

Wissenschaftliche Theorien und Befunde

Die im vorangegangenen Abschnitt besprochenen Techniktrainingsansätze lassen sich aus Sicht der Sportwissenschaft bewerten. Dabei ist zum einen von Interesse, inwieweit der jeweilige Ansatz zur Bewegungstheorie passt, also zu den aktuellen wissenschaftlichen Vorstellungen dazu, was bei Menschen passiert, wenn sie eine schwierige Bewegung wie einen Volleyball-Angriffsschlag koordinieren. Zum anderen kann man in der wissenschaftlichen Literatur eine Vielzahl von Experimenten zum Bewegungslernen finden, die für die Frage nach dem Transfer im Techniktraining relevant sind. Leserinnen und Leser, die vor allem an der Praxis und weniger an wissenschaftlichen Ausflügen interessiert sind, können den Rest dieses Abschnitts gerne überschlagen; für diejenigen aber, die ihr Training auch wissenschaftlich begründen wollen, soll dieser Ausflug im Folgenden unternommen werden. Wer sich für weitergehende Details interessiert, die hier nicht dargestellt werden können, sei auf bewegungswissenschaftliche Lehrbücher verwiesen (bspw. Hossner, Müller & Voelcker-Rehage, 2013).

Beginnen wir unseren wissenschaftlichen Exkurs mit den Resultaten der Experimente, die zur Frage des Techniktrainings – in der Bewegungswissenschaft würde man eher sagen: zur Frage des motorischen Lernens – vorliegen. Hier stellte Franklin Henry, einer der Väter der modernen Bewegungsforschung, schon vor fast 50 Jahren die Spezifitätshypothese des Bewegungslernens auf (Henry, 1968), nach der der Transfer umso größer ist, je mehr sich Übungs- und Zielsituation überlappen. Diese Position wurde in der Folge durch eine Vielzahl von Experimenten untermauert, sodass international die einhellige Meinung vorherrscht, dass ein fertigkeits- oder situationsübergreifender Transfer immer sehr gering ausfällt. Für einen ausführlicheren Überblick hierzu mag man einen Blick in den Lehrbuchklassiker von Schmidt und Lee (2011) werfen, in dem die Autoren den Kenntnisstand folgendermaßen zusammenfassen: „Zwei fundamentale Transferprinzipien lauten, dass (a) motorischer Transfer typischerweise positiv, aber gering ausfällt und (b) motorischer Transfer von der zwischen den Aufgaben bestehenden Ähnlichkeit abhängt" (2011, S. 489; eigene Übersetzung). Die von der bewegungswissenschaftlichen Forschung vorgelegte Befundlage spricht somit eindeutig für den technikorientierten Ansatz des Techniktrainings.

Die Spezifitätshypothese von Henry

Auf der Ebene der Bewegungstheorie hat sich darüber hinaus die Auffassung weitgehend durchgesetzt, dass menschliche Bewegungskontrolle im Wesentlichen darauf abzielt, eine aktuelle Situation so zu verändern, dass ein bestimmter Effekt erzielt wird. Nach dieser Auffassung sind die Bewegungen, mit denen dieser Effekt erzielt wird, zunächst einmal nicht so wichtig; wichtig wäre vielmehr beim Aufschlag allein, dass der Ball dort landet, wo ich es mir vor Bewegungsbeginn vorgenommen habe. Die aktuelle Situation S „Ball in meiner Hand" soll also in die andere Situation, den angestrebten Effekt E „Ball in der gegnerischen Spielfeldecke" überführt werden. In effektorientierten Theorien dieser Art spielt damit die Situation eine entscheidende Rolle und damit die korrekte Wahrnehmung sowohl der Ausgangssituation als auch des erzielten Bewegungseffekts. Mit dieser engen Verknüpfung von Wahrnehmung und Handlung passen diese Theorien nicht zu den oben skizzierten fertigkeits- oder fähigkeitsorientierten Ansätzen des Techniktrainings, da dort ja die Situation

Effektorientierte Theorien der SRE-Kontrolle

samt ihrer Wahrnehmung eine nur untergeordnete Rolle spielt. Zugleich wird in den aktuellen Bewegungstheorien aber betont, dass die angestrebte Situationsveränderung nicht „irgendwie" zustande kommen soll, sondern unter der Beteiligung der eigenen Bewegung, in Englisch: der eigenen Response R. Innerhalb der situationsspezifischen Techniktrainingsansätze entspricht daher der technikorientierte Ansatz eher der wissenschaftlichen Theorie als der situationsorientierte Ansatz, nach der es ja auch erlaubt wäre, Situationsveränderungen durch ganz andere als die spieltypischen Bewegungen herbeizuführen. Zusammenfassend ist es also nicht nur so, dass die experimentelle Befundlage den technikorientierten Ansatz favorisieren lässt; dasselbe lässt sich für die aktuelle bewegungswissenschaftliche Theorielandschaft sagen, in der effektorientierte Theorien die Vorherrschaft übernommen haben. Zu diesen SRE-Theorien – also den Theorien, die auf der Annahme einer sehr engen Verbindung von Ausgangssituation S, Bewegungsaktion R und angezieltem Effekt E basieren – , ließe sich noch sehr viel sagen; wer an Details interessiert ist, muss jedoch auf weiterführende bewegungswissenschaftliche Literatur verwiesen werden (bspw. Hossner, Müller & Voelcker-Rehage, 2013; in vereinfachter Form mit Volleyballbezug: Hossner, 2000; 2003).

Transfernachteile unspezifischer Ansätze

Wie soeben ausgeführt, ergibt sich vor dem Hintergrund sowohl der aktuellen sportwissenschaftlichen Befundlage als auch der Bewegungstheorie das folgende Zwischenfazit: Fertigkeitsorientierte Ansätze sind aufgrund der fehlenden Situationsspezifität und situationsspezifische Ansätze aufgrund der fehlenden Fertigkeitsspezifität von Nachteil, wenn es im Techniktraining um den Transfer von der Trainingsübung auf die Spielsituation geht. Den fähigkeitsorientierten Ansätzen schließlich ist wegen ihrer in beiderlei Hinsicht unspezifischen Position die geringste Attraktivität zuzusprechen. Und tatsächlich zeigt ein Blick in die Sportpraxis, dass Techniktraining nach dem fähigkeitsorientierten Ansatz spätestens nach einer frühen Phase der kindgemäßen Einführung in das Spiel im Grunde nicht mehr vorkommt (zur Kritik und Alternativen vgl. Neumaier, 2006). Oder sollte es tatsächlich Trainer geben, die sich hohe Transferwirkungen auf das Spiel erhoffen, indem sie ihre Spieler zur Schulung der Orientierungsfähigkeit zum Wasserspringen, zur Schulung der Differenzierungsfähigkeit zum Pistolenschießen oder zur Schulung der Gleichgewichtsfähigkeit zum Schwebebalkenturnen schicken? Wohl kaum.

Technikübergreifender Transfer

Andererseits zeigt die Sportpraxis aber auch, dass es technikübergreifende Transfereffekte, die so zentral für den fähigkeitsorientierten Ansatz sind, tatsächlich gibt. Stellen wir uns zur Verdeutlichung des

Phänomens an dieser Stelle vor, dass zum Training in einer Volleyball-Nachwuchsmannschaft drei Jugendliche erscheinen, die alle noch nie Volleyball gespielt haben, aber in gleichem Umfang und mit gleicher Intensität Erfahrungen in anderen Sportarten gesammelt haben, nämlich dem Handballspiel, dem Schwimmen oder dem Paartanz. Auch ohne dieses Wissen werden erfahrene Trainer den Neuen ihre Herkunftssportart schon nach den allerersten Pritschversuchen ansehen – und deutliche Vorteile des Handballspielers im Vergleich zu den anderen beiden Jugendlichen feststellen. Wie ist dieser Transferunterschied zu erklären, wenn doch – wie oben ausgeführt – der Transfer umso geringer ausfallen sollte, je weniger situations- und fertigkeitsspezifisch geübt wurde und wenn doch die Jugendlichen gleich viele volleyballspezifische Erfahrungen vorweisen können, nämlich im vorliegenden Beispiel: gar keine?

Aus bewegungswissenschaftlicher Sicht gibt es eine alte Antwort auf diese Frage, die Antwort der Theorie identischer Elemente von Thorndike und Woodworth (1901). Danach hat zwar der Handballspieler tatsächlich noch niemals volleyballspezifische Erfahrungen gesammelt, zwischen den Techniken des Volleyball- und denen des Handballspiels gibt es aber einige „identische Elemente", beispielsweise die Art der Armbeschleunigung beim Volleyball-Tennisaufschlag und beim Handball-Schlagwurf. Sind danach die technikbezogenen Vorerfahrungen des Handballspielers auch nicht als volleyballspezifisch zu kennzeichnen, so ist es doch zumindest dieses Element, auf das ein technikübergreifender Transfer zurückgeführt werden kann – und sind es noch weitere Elemente wie die Einschätzung von Ballflugbahnen, die Ausführung einer Aktion im Umkehrpunkt des Sprungs u. a. m. Zieht man die Möglichkeit eines in dieser Weise „elementenbezogenen" Transfers in Betracht, hat dies aber Konsequenzen auf die zugrunde gelegte Theorie der Bewegungskontrolle, denn wenn solch ein Transfer möglich sein soll, dann können es ja keine „kompakten" Situations-Response-Effekt-Einheiten sein, auf denen die Kontrolle beruht. Anzunehmen ist vielmehr, dass die Gesamtaufgabe der Effektherstellung auf einzelne Einheiten verteilt ist, die jeweils einem der oben identifizierten „Elemente" zuzuordnen wären. Wird eine Bewegung in dieser Weise aus einzelnen Elementen zusammengesetzt, dann liegt es auf der Hand, dass der Transfer von einer Situation auf die andere umso größer ausfallen sollte, je mehr identische Elemente vorliegen. Und für das Volleyballspiel dürfte diese Zahl identischer Elemente im Vergleich zum Schwimmen oder Paartanz beim Handball deutlich größer ausfallen, sodass für den Handballspieler Vorteile bei der Technikausführung vorherzusagen wären.

Theorie identischer Elemente

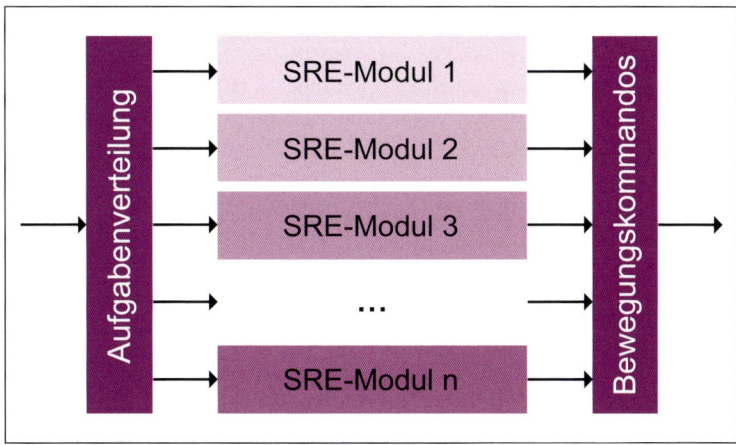

Abb. 3: Ein modulares Modell für die Kontrolle komplexer Bewegungen. Wenn aus einer Ausgangssituation (S) heraus über Bewegungskommandos (R) ein bestimmter Effekt (E) hergestellt werden soll, erfolgt zunächst eine Aufteilung in Teilaufgaben, für deren Lösung verschiedene SRE-Kontrollmodule zuständig sind. Die Ausgabe der Module wird zu einem Satz von Bewegungskommandos zusammengefasst, die in einem trainierten Kontrollsystem zu dem angestrebten Effekt führen (vereinfachtes Modell nach Wolpert & Kawato, 1998).

Die Modularitäts-hypothese von Fodor

In der Sprache der Wissenschaft hat sich, spätestens seit den Arbeiten von Jerry Fodor (1983) zur Modularitätshypothese anstelle des soeben eingeführten Element-Begriffs das Etikett des „Moduls" durchgesetzt. Auf die Sportwissenschaft wurde der Ansatz von Hossner (1995) in seiner Dissertationsschrift mit dem Titel „Module der Motorik" über-tragen (siehe auch Hossner, 1996; 1997a; 1998). Den Theoriestand, wie er sich in Zusammenschau mit dem zuvor erörterten effektorien-tierten Ansatz der Bewegungskontrolle darstellt, findet man in Abbil-dung 3 veranschaulicht (vereinfachtes Modell nach Wolpert & Kawato, 1998). Bei jeder Bewegungsausführung findet danach je nach Aus-gangssituation und angezieltem Effekt eine Verteilung der Bewegungs-aufgabe auf verschiedene SRE-Module statt, deren Ausgaben am Ende wieder zu einem kompakten Satz von Bewegungskommandos zusam-mengeführt werden. Liegt aufgrund umfassender Trainingserfahrungen sowohl eine gute Aufgabenverteilung als auch eine gute Ausbildung der Module vor, dann stellt sich der angezielte Effekt ein, ohne dass an irgendeiner Stelle eine Struktur aktiviert würde, die auf Kontrollebene der äußerlich sichtbaren Bewegung entspräche.

Modulare Trainingsformen

Man beachte, dass mit solch einer modularen Vorstellung der Effekt-kontrolle technikübergreifende Transfereffekte verständlich werden, dass aber zugleich die situations- und fertigkeitsspezifische Position der technikorientierten Techniktrainingsansätze nicht verlassen wird. Techniktraining würde nach dieser Auffassung in zweierlei Hinsicht spezifisch gestaltet werden können, einmal im Hinblick auf die Strukturierung der einzelnen SRE-Module und einmal im Hinblick auf das Training der Einbindung der Module in die Gesamtkontrollstruktur. Im Techniktraining nach dem Baukastenprinzip wird die erste Trainingsform als „Technikbausteintraining" bezeichnet, die zweite Trainingsform als „Technikgebäudetraining".

Technikbaustein- und Technikgebäudetraining

Im vorangegangenen Abschnitt wurde ausgeführt, dass ein modularer Ansatz der SRE-Effektkontrolle aus wissenschaftlicher Sicht am ehesten dazu geeignet ist, Techniktraining im Sport zu begründen. Im Hinblick auf die zuvor behandelten Techniktrainingsansätze sprechen experimentelle Befunde wie theoretische Entwicklungen für die Bevorzugung technikorientierter Ansätze. Dabei muss „Technik" – wie schon mehrfach unterstrichen – in diesem Zusammenhang immer verstanden werden als Lösung von situativen Bewegungsaufgaben. Die Trainingsziele, die aus dem resultierenden modularen Ansatz erwachsen, könnte man – in der Sprache der Wissenschaft – mit den Begriffen des „Intra-Modul-Trainings" und des „Inter-Modul-Trainings" belegen (Hossner & Kortmann, 1995); für die sportliche Trainingspraxis sollte es jedoch anschaulicher und eingängiger sein, anstelle von „Modulen" von „Technikbausteinen" zu sprechen. Das übersetzte Bild des Techniktrainings nach dem Baukastenprinzip wird in Abbildung 4 veranschaulicht. Wie weiter oben bereits angemerkt, sollte man dieses Bild auch für den Fall nachvollziehen können, dass man den im vorangegangenen Abschnitt vorgenommenen Ausflug in die Wissenschaft überschlagen hat. Es mag an dieser Stelle ausreichen zu wissen, dass, wenn man denn an wissenschaftlichen Begründungen für ein Techniktraining nach dem Baukastenprinzip interessiert sein sollte, sich diese Begründungen leicht finden lassen.

SRE-Module als Technikbausteine

Wie in Abbildung 4 gezeigt, muss man sich auf der Basis des Technikbaukastenansatzes Bewegungskompetenz im Volleyball so vorstellen, dass man als Spieler über ein Reservoir von Technikbausteinen verfügt, in der Veranschaulichung der Abbildung 4 etwa über einen schwarzen Kugel-, einen mittelgrauen Kreuz-, einen dunkelgrauen L-Baustein und – je nach Bewegungserfahrung – über viele weitere Technikbausteine. Immer dann, wenn im Spiel oder Training eine Bewegung auszuführen ist, bestünde die Aufgabe in bildhafter Übersetzung darin, in

Technikgebäudetraining

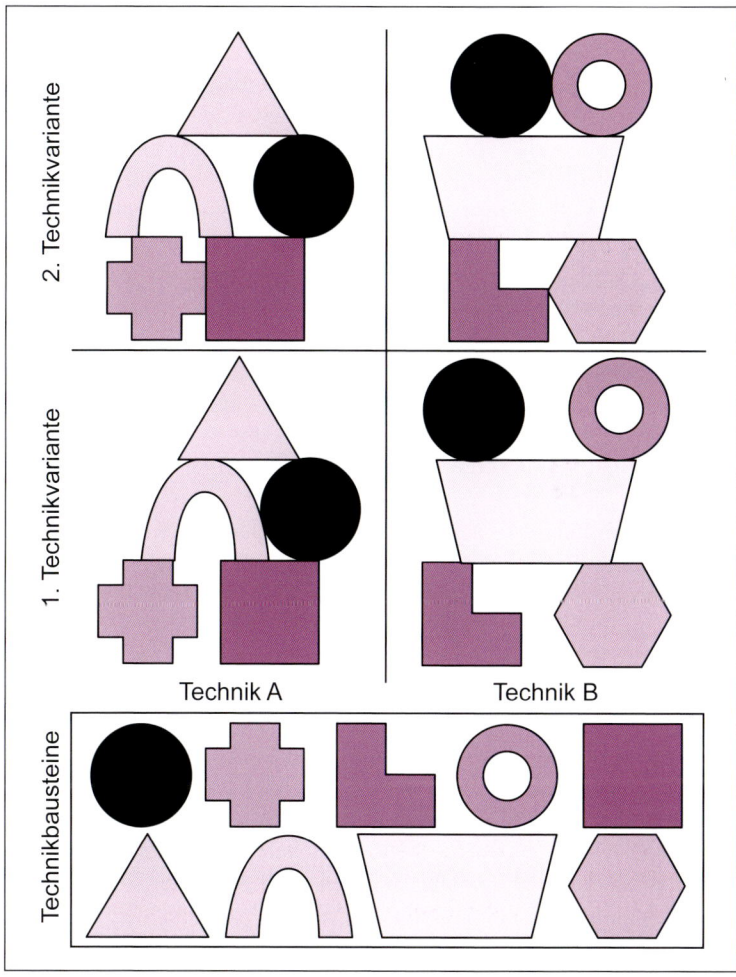

Abb. 4: Techniken als aus Technikbausteinen erstellte Technikgebäude. Die im Technikbaukasten verfügbaren Bausteine lassen sich zu verschiedenen Varianten von Techniken zusammensetzen, wobei einige Bausteine (hier: der schwarze Kugel-Baustein) in verschiedenen Technikgebäuden zum Einsatz kommen können.

den Baukasten hineinzugreifen, die passenden Bausteine auszuwählen und diese so zusammenzustellen, dass mit der gewünschten Technik der angezielte Effekt erzielt wird. Aus den Bausteinen lässt sich auf diese Weise die Technik A zusammensetzen, die für das Pritschen stehen könnte, genauso wie die Technik B, die das Baggern symbolisieren mag. Wie auf den ersten Blick erkennbar ist, unterscheiden sich die erstellten Technikgebäude aufgrund der Auswahl unterschiedlicher

Bausteine erheblich, genauso wie auch im Volleyball sich die Bewegungsmuster des Pritschens und des Baggerns eindeutig voneinander unterscheiden. Zugleich wird aber auch erkennbar, dass die Techniken zu einem gewissen Umfang Variationen erlauben, die Bausteine in den Technikgebäuden also von Variante zu Variante leicht unterschiedlich angeordnet werden, ohne dass damit das grundlegende Technikmuster verloren ginge. So bleibt eine Pritschbewegung eine Pritschbewegung unabhängig davon, ob der Ball über 4 Meter (1. Variante) oder über 8 Meter (2. Variante) zugespielt wird, und eine Baggerbewegung eine Baggerbewegung unabhängig davon, ob der Ball direkt vor dem Körper (1. Variante) oder seitlich neben dem Körper (2. Variante) gespielt wird. Geht es um die spezifische Zusammensetzung der Bausteine in dem Technikgebäude, ggf. mit Akzentuierung auf das Training eines bestimmten Bausteins, dann betrifft dies in der Systematik des Baukasten-Techniktrainings das Technikgebäudetraining.

Wie aus Abbildung 4 auch deutlich wird, muss bei der Ausführung verschiedener Techniken mitunter auf dieselben Bausteine zurückgegriffen werden. In der Abbildung wird dies durch den schwarzen Kugelbaustein veranschaulicht, der sowohl in der Technik A als auch in der Technik B zum Einsatz kommt. In der gewählten Übersetzung der Technik A als Pritschen und der Technik B als Baggern könnte dieser Baustein (u. a.) für das Ausbalancieren des Körpers im Stand stehen. Im Hinblick auf den technikübergreifenden Transfer würde also angenommen, dass immer dann, wenn im Training Übungen zum Pritschen anstehen, das Baggern gleichsam mittrainiert wird, nämlich genau in dem Aspekt, dass es sowohl beim Pritschen als auch beim Baggern hilfreich ist, vor der Spielaktion einen ausbalancierten festen Stand gefunden zu haben, und dass die im Pritschen gesammelten Erfahrungen – der schwarze Kugelbaustein – unmittelbar auf das Baggern übertragen werden. Denkt man diesen Gedanken weiter, wird klar, dass es für die Optimierung eines bestimmten Bausteins sogar das Beste sein mag, ihn im Training aus der Einbindung in ein Technikgebäude herauszulösen und ihn möglichst „in Reinform" anzugehen. Solche bausteinbezogenen Übungen mögen dann zwar zu anders aussehenden Bewegungen führen, als man es von der volleyballspezifischen Technikausführung kennt; solange die spezifische Teilaufgabe in ihren Situations- und Fertigkeitsaspekten unverändert bleibt, handelt es sich dann aber immer noch um ein technikspezifisches Techniktraining, nur eben bezogen auf einen einzelnen Technikbaustein und nicht auf ein ganzes Technikgebäude. In der Systematik des Techniktrainings nach dem Baukastenprinzip bezeichnet man ein solches bausteinbezogenes Training als Technikbausteintraining.

Technikbaustein-training

Techniktraining nach dem Baukastenprinzip im Volleyball

Übertragung auf das Volleyballtraining

Für das Volleyballspiel wurde Mitte der 1990er Jahre von Hossner und Kortmann (1995; 1996; 1997) der Versuch unternommen, den Ansatz des Techniktrainings nach dem Baukastenprinzip für die Praxis des Volleyballtrainings auszuarbeiten (siehe auch Kortmann & Hossner, 1995; 1997). Bei der Baukastenerstellung war dabei zunächst die Frage zu beantworten, welche Techniken denn überhaupt im leistungsorientierten Volleyballsport unterschieden werden sollten und wie die Bausteine benannt werden könnten, die diesen Techniken zuzuordnen sind. An dieser Stelle wäre es natürlich wünschenswert gewesen, auf wissenschaftlich fundierte Antworten auf diese Fragen zurückgreifen zu können, beispielsweise also auf neurowissenschaftliche Befunde, nach denen das menschliche Nervensystem eindeutig in einzelne Module aufgeteilt ist, von denen wiederum einige für das Volleyballspielen relevant sind. Selbstverständlich liegen solche Befunde nicht vor, sodass ein alternativer Weg beschritten werden musste. Dieser bestand darin, dass man den Mangel an wissenschaftlichem Kenntnisstand durch fundiertes Praxiswissen auszugleichen versuchte.

Schritte der Baukasten- erstellung

Im Detail gliederte sich die Erstellung des Volleyball-Technikbaukastens in vier Arbeitsschritte. In einem ersten Schritt wurde das Spiel in typische Spielsituationen zerlegt, dies allerdings mit einer sehr feinen Körnung, sodass beispielsweise die Abwehr des gegnerischen Angriffs in acht Situationsklassen unterteilt wurde, nämlich Feldabwehr von oberhalb der Gürtellinie auf den Körper, unterhalb der Gürtellinie auf den Körper, vor den Körper oder neben den Körper geschlagenen Bällen, von Blockabprallern durch Erlaufen oder Erhechten/Errollen und von gelegten Bällen durch Erlaufen oder Erhechten/Errollen. In einem zweiten Schritt wurde für jede Spielsituation eine Liste von Technikbausteinen erstellt, für deren Zuordnung zu der jeweiligen Situation aus Praxissicht eine hohe Plausibilität ausgemacht werden konnte. Gesucht wurde dabei nach Bausteinen, die sich gerade nicht durch eine hohe Fertigkeitsspezifik auszeichnen, da für solche Bausteine eine Übertragbarkeit auf andere Techniken auszuschließen war. Konkret wurde also beispielsweise der Baustein „Arme überstrecken" verworfen, da dieses Merkmal allein beim Annahmebagger von Bedeutung ist, während der Baustein „Laufweg zum Ball anpassen" aufgrund der Bedeutung dieser Kompetenz in verschiedenen Situationen, insbesondere in der Abwehr des Aufschlags sowie beim Zuspiel, eine wichtige Rolle spielt und daher für diesen Baustein ein technikübergreifender Charakter plausibel ist. Im Resultat erhielt man eine umfassende Tabelle, in der jeder Spielsituation eine Reihe von Technikbausteinen

zugeordnet war und dabei manche Bausteine in mehreren Spielsituationen auftauchten. In einem dritten Schritt wurde diese Tabelle ausge-
wiesenen Praktikern mit der Bitte um Korrekturen, Ergänzungen oder
Streichungen vorgelegt. Für den so revidierten Baukasten wurde in
einem vierten Schritt eine Vereinfachung in der Art vorgenommen,
dass diejenigen Detailsituationen zu Situationsklassen zusammengefasst wurden, die sich in der Zuordnung von Technikbausteinen nicht
unterschieden.

Das Ergebnis dieses letzten Arbeitsschrittes zur Erstellung des Technik-   **Der Volleyball-**
baukastens wird in Abbildung 5 schematisch veranschaulicht. In den   **Technikbaukasten**
Spalten der abgebildeten Tabelle findet man dabei die zusammen-
gefassten Situationsklassen S1-Sn, denen in den Tabellenzeilen verschiedene Technikbausteine B1-Bn zugeordnet sind. Technikübergrei-

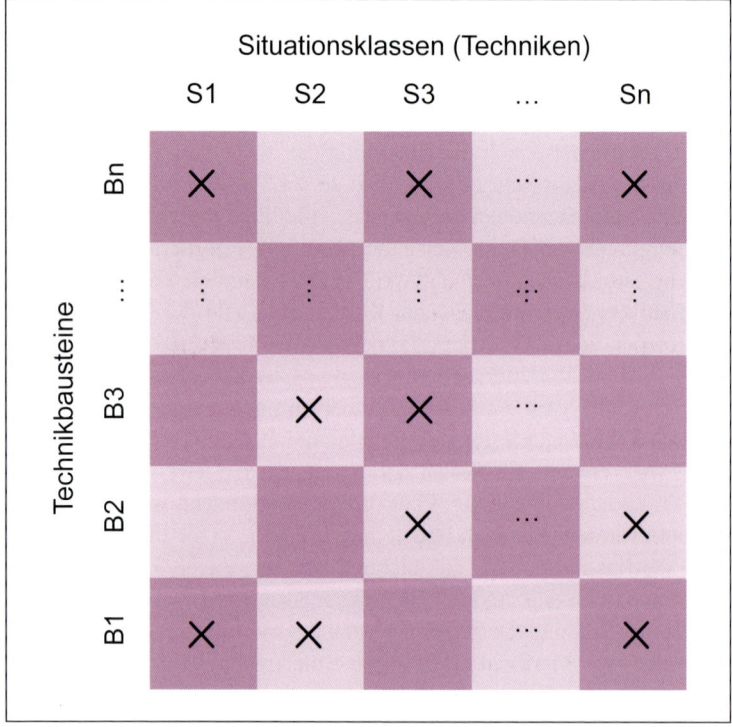

Abb. 5: Techniktraining nach dem Baukastenprinzip im Volleyball. Den Situationsklassen des Spiels (Tabellenspalten) werden Technikbausteine (Tabellenzeilen) zugeordnet, die für die in der Situation auszuführende Technik relevant
sind. Dieselben Technikbausteine mögen in verschiedenen Situationsklassen
benötigt werden.

fende Transferwirkungen von einer Situationsklasse zur anderen sind umso mehr zu erwarten, je größer die Zahl der gemeinsam zugeordneten Technikbausteine ausfällt. Zur Verdeutlichung dieser Logik an einem bereits bekannten Beispiel: In der schematischen Darstellung der Abbildung 5 könnte der Technikbaustein B3 für das Ausbalancieren des Körpers vor der Ballberührung stehen. Wie wir bereits gesehen haben, ist diese Kompetenz sowohl in der Aufschlagannahme (Baggern) als auch beim Zuspiel im Stand (Pritschen) von Bedeutung, sodass S2 und S3 für genau diese beiden Situationsklassen (Techniken) stehen könnten. Da man bei Sn hingegen kein Kreuz für den Technikbaustein B3 findet, mag diese Situationsklasse (Technik) für den Hinterfeldangriff (Angriffsschlag) stehen, da diese situative Aufgabe im Sprung gelöst wird und daher die Kompetenz, den Körper im festen Stand auszubalancieren, irrelevant ist.

Wissenschaftliche Überprüfung

Nach der erfolgreichen Erstellung wurde der Volleyball-Technikbaukasten noch zwei weiteren Optimierungsschritten unterzogen. Zum ersten fand eine wissenschaftliche Überprüfung des Baukastens statt (Hossner & Kortmann, 1997). Dazu wurden alle Spieler des männlichen A-Nationalkaders einer Reihe von Tests unterzogen, die auf die angenommenen Technikbausteine zugeschnitten waren. Für den Baustein beispielsweise, der sich auf die Vorwegnahme des Auftreffpunkts bezog, war der Test so aufgebaut, dass der Spieler in der Feldmitte im Mittelpunkt einer auf den Boden aufgezeichneten „Uhr" stand schnellstmöglich ansagen musste, in welchem der Feldsektoren 1-12 ein von der Gegenseite über eine Sichtblende zugeworfener Ball landen wird. Als Leistungsmaß wurde in diesem Test eine Kennziffer berechnet, in die sowohl die Richtigkeit als auch die Schnelligkeit einfloss; der Spieler bekam also dann eine gute Testwertung, wenn er im Vergleich zu den Mitspielern schnell richtige Entscheidungen zum Ballauftreffpunkt traf. Darüber hinaus wurden sowohl die Trainer als auch die Spieler darum gebeten, die im Spiel gezeigten Leistungen ihrer (Mit-)Spieler in allen Situationsklassen zu benoten, sodass am Ende für jeden Spieler Kennziffern sowohl für die Bausteine als auch für die Situationsklassen vorlagen. Die Logik der Überprüfung bestand jetzt darin, dass immer dann, wenn ein Kreuz in dem Baukasten eingetragen war, der betreffende Baustein einen Teil der Spielleistung in der betreffenden Situationsklasse vorhersagen müsste, während bei den nicht angekreuzten Feldern keine Zusammenhänge zwischen Bausteintest und situationsbezogener Spielleistung auszumachen sein sollten. Zusammengenommen konnte auf diese Weise die Plausibilität der angenommenen Technikbausteine samt ihrer Zuordnung bestätigt werden; nur für wenige Bausteine gelang eine wissenschaftliche Untermauerung nicht.

Zum zweiten wurde der Technikbaukasten einem mehrjährigen Pra-xistauglichkeitstest unterzogen, indem das Konzept nach der erfolgrei-chen Erprobung als Grundlage für die Trainerausbildung im Bereich Techniktraining im Bundesland Nordrhein-Westfalen herangezogen wurde (Kittel & Lamschik, 2008). Zusammen mit der wissenschaft-lichen Überprüfung führten die vielfachen und umfassenden Diskus-sionen und praktische Erprobung des Baukastenansatzes mit erfahre-nen Trainern zu einer modifizierten Fassung des Volleyball-Technik-baukastens. Genau diese Fassung wird den folgenden Kapiteln dieses Buches zugrunde gelegt, um konkrete Übungsvorschläge für das Tech-nikbaustein- wie für das Technikgebäudetraining im Volleyball vorzu-stellen.

Praktische Überprüfung

Der Technikbaukasten im langfristigen Trainingsprozess

Aufmerksamen Leserinnen und Lesern sind vielleicht drei praktische Konsequenzen aufgefallen, die aus dem Ansatz des Techniktrainings nach dem Baukastenprinzip erwachsen. Aus wissenschaftlicher Sicht bezieht sich die erste Konsequenz auf die wechselseitige Abhängigkeit von Baukastenumfang und angezieltem Sportbereich, die zweite auf die im sportartbezogenen Training vorherrschende Bevorzugung des Technikgebäudetrainings gegenüber dem Technikbausteintraining und die dritte auf den Nutzen des Bausteinansatzes auch für das allgemeine Koordinationstraining mit Kindern und Jugendlichen.

Konsequenzen des Baukastenansatzes

Zur erstgenannten Konsequenz, die die Abhängigkeit von Baukasten-umfang und Sportbereich betrifft. muss festgestellt werden, dass die Eingrenzung des Techniktrainingsbaukastens auf den Bereich des Vol-leyballspiels natürlich rein willkürlich war. Genauso sinnvoll wäre es an dieser Stelle gewesen, die Gliederung feinkörniger oder grobkörni-ger vorzunehmen. Bei der feinkörnigeren Gliederung wäre man dann beispielsweise bei zwei Baukästen gelandet, nämlich einem für das Beach- und einem für das Hallen-Volleyballspiel. Und eine grobkörni-gere Gliederung hätte sich in einem Baukasten für die Rückschlag-spiele, vielleicht sogar für die Sportspiele oder gar die Gesamtheit der sportlichen Techniken niedergeschlagen. Dass wir uns in diesem Buch mit einem Technikbaukasten für das Volleyballspiel befassen, hat also allein den praktischen Grund, dass sich dieses Buch an Volleyball-trainer richtet. Dass das zugrunde gelegte Konzept in gleicher Weise für die Gesamtheit der Rückschlagspiele anwendbar ist, offenbart sich, wenn man zu dem in Abbildung 5 schematisch dargestellten Technik-baukasten zurückblättert; denn auf der rechten Seite könnte dieser

1. Konsequenz: Sportbereichs-abhängiger Baukastenumfang

Baukasten leicht um Spalten ergänzt werden, die beispielsweise für das Tennisspiel von Bedeutung sind, und nach unten um Zeilen, die für Bausteine stehen, die im Tennis vorkommen, nicht aber im Volleyball. Die grundlegende Erwartung des technikübergreifenden Transfers – in diesem Fall sogar: des sportartübergreifenden Transfers – bliebe von dieser Erweiterung unberührt, denn der Technikbaustein für die Anpassung des Laufwegs zum Ball wäre ja nicht nur in verschiedenen Volleyballsituationen von Bedeutung, sondern beispielsweise auch beim Vorhandgrundschlag im Tennis. Wie weiter oben bereits für den jugendlichen Handballer besprochen, der zum ersten Mal Volleyball spielt, würde man in der Folge vorhersagen, dass Volleyballspieler ihre spezifischen Erfahrungen in der Laufweganpassung auf das Tennisspielen transferieren. Der Gedanke, dass das Baukastenkonzept von daher auch für eine sportartübergreifende Ausbildung relevant sein könnte, wurde von Hossner (1997b) am Beispiel eines übergreifenden Techniktrainings für die Rückschlagspiele vorgestellt. Auf diesen Gedanken wird später in diesem Abschnitt noch einmal zurückzukommen sein, wenn es um die langfristige Planung des Techniktrainings geht.

2. Konsequenz: Bevorzugtes Technikgebäudetraining

Die zweite Konsequenz des Bausteinkonzepts betrifft die generelle Bevorzugung zielspezifischer Übungsformen, auch wenn sich dies – zumindest auf den ersten Blick – der soeben erörterten Breite des Bausteintransfers entgegenzustehen scheint. Wie man bei genauerem Hinsehen erkennt, besteht dieser Widerspruch jedoch gar nicht. Dies liegt daran, dass aus dem Umstand, dass ein breiter Bausteintransfer begründet werden kann, also beispielsweise der Transfer vom Tennis-Vorhandgrundschlag zum Volleyball-Zuspielbagger, ja noch lange nicht folgt, dass der Lernzuwachs für den verbindenden Baustein „Laufweg zum Ball anpassen" größer ausfällt, wenn er in beiden Technikgebäudeeinbindungen geübt wird und nicht nur in einer Sportart. Ganz im Gegenteil sagt das Bausteinkonzept – in Übereinstimmung mit der in weiter oben skizzierten wissenschaftlichen Befundlage – voraus, dass sich die Volleyballtechnik deutlicher verbessert, wenn hundertmal der Zuspielbagger ausgeführt wird als wenn es nur 50 Wiederholungen gibt und diese um 50 Wiederholungen eines Tennis-Vorhandgrundschlags ergänzt werden. Im ersten Fall wird der Baustein in seiner volleyballspezifischen Einbindung doppelt so oft trainiert, sodass auch Trainingserfahrungen mit Volleyball-Bausteinen zustande kommen, die in der Tennistechnik gar nicht vorkommen. Ein sportartübergreifendes Techniktraining stellt nach dieser Logik eine Verschwendung von Trainingszeit dar. Darüber hinaus ist aber auch innerhalb des volleyballspezifischen Techniktrainings dem Technikgebäudetraining gegenüber dem Technikbausteintraining der Vorzug zu geben, da – nach demselben Argument – im ersten Fall alle anderen relevanten Bausteine mittrainiert werden, im zweiten Fall hingegen nur der aus dem Technikgebäude herausgelöste Baustein. Konkret: Wenn man mit Volleyballspielern den Baustein „Laufweg zum Ball anpassen" trainieren will, dann sollte man dies zunächst einmal durch Akzentuierung der diesbezüglichen Anforderungen beim Baggern oder beim Pritschen machen, im Hinblick auf die Situationsspezifität am besten sogar in der Situation der Aufschlagannahme oder des Zuspiels zum Angriff. Jede größere Veränderung ist unweigerlich mit einer Verringerung der durch das Training ausgelösten Technikverbesserungen verbunden.

Bleiben wir (im Rahmen der Erörterung der zweiten Konsequenz) noch ein wenig bei der hiermit begonnenen Diskussion, kommt man unweigerlich zu der Frage, warum man dann überhaupt ein bausteinbezogenes Techniktraining durchführen sollte. Zu dieser Frage lassen sich vier Gründe anführen. Zum Ersten macht es im Hinblick auf den Motivationserhalt Sinn, im Training von Zeit zu Zeit Variationen einzubauen. Besteht das Trainingsziel also beispielsweise darin, nach einer langen Saison Abstand zum Volleyball zu gewinnen, wäre es unter dem Gesichtspunkt des technikbezogenen Transfers sicherlich günstiger, mit der Mannschaft ein Tennisturnier zu organisieren als miteinander zum Schwimmen zu gehen. Und auch während der Saison können spielerisch durchgeführte Bausteintrainingsübungen immer wieder dazu genutzt werden, den Trainingsalltag zu unterbrechen. Ist die auf diese Weise gewonnene Motivation erheblich, mag der Gewinn der eingestreuten Bausteinübung größer sein als der eines ausschließlich durchgeführten Technikgebäudetrainings.

Technikbausteintraining und Motivation

Zum Zweiten mag es sein, dass es organisatorische Schwierigkeiten gibt, einen Baustein akzentuiert in seiner Einbindung in ein Technikgebäude zu trainieren. Dies kann daran liegen, dass sich der eingebundene Baustein in gewisser Weise dem Zugriff entzieht, es also schwer ist, gute Übungsformen zu finden, die betont auf den Baustein abheben, ohne ihn aus dem Technikgebäude herauszulösen. Auch mag der leidlich gute Spieler Wege finden, innerhalb einer komplexen Situation den ungeliebten – weil nicht so gut beherrschten – Baustein zu „umgehen", da innerhalb einer Handlungskette Minderleistungen oft kompensiert werden können. Vielleicht führt eine Herauslösung aber auch deshalb zu einer erhöhten Trainingseffektivität, weil die Technikbausteinübung so zu organisieren ist, dass mit allen Spielern eine größere Anzahl von Wiederholungen durchgeführt werden kann. Und schließlich mögen Verletzungsrisiken gegen ein Technikgebäudetraining sprechen. Geht man das Ausbalancieren des Körpers auf diese Weise etwa

Technikbausteintraining und Übungsorganisation

über die Erschwerung durch Stand auf einer instabilen Unterlage an, so könnte es erforderlich sein, die vorangegangene Bewegung zum Ball zu streichen, da der Schritt auf die bewegliche Unterlage mit der Gefahr des Umknickens verbunden wäre.

Technikbausteintraining und Übungsvorwegnahme

Zum Dritten spricht für ein Technikbausteintraining, dass man es auch im Sinne eines vorweggenommenen Übens nutzen kann. So macht es beispielsweise wenig Sinn, mit Kindern Schnellangriffe zu trainieren, kommen diese doch wegen der fehlenden taktischen Relevanz sowie mangelnder Präzision der Zuspieltechniken gar nicht in ihrem Spiel vor. Will man die Kinder aber schon einmal auf die spätere Anforderung vorbereiten, beim Schnellangriff den Absprung so getimt zu haben, dass man sich in der Luft dem Zuspieler zum Angriff anbietet, dann kann man den Baustein „In der Luft sein" in spielerischer Herauslösung aus dem Technikgebäude des Schnellangriffs trainieren. Wenn in dieser Weise die entsprechenden Erfahrungen im Kindesalter gelegt wurden, dürfte es den Kindern deutlich leichter zu fallen, bei der späteren Einführung des Schnellangriffs die schwierige Timing-Anforderung zu erfüllen.

Technikbausteintraining und pädagogische Verantwortung

Was Gründe für ein Technikbausteintraining angeht, ist viertens festzuhalten, dass man als Volleyballtrainer im Nachwuchsbereich nicht nur dafür zuständig ist, Volleyballtalente zu entdecken und zu fördern; als Kinder- und Jugendtrainer hat man auch die pädagogische Verantwortung, den Kindern und Jugendlichen alternative Wege in den Sport offenzuhalten. Ein breit angelegtes Technikbausteintraining garantiert an dieser Stelle, dass Kindern, die beispielsweise vom Volleyballspiel zur Leichtathletik wechseln wollen, durch das erfahrene Training etwas Hilfreiches auf den Weg der weiteren sportlichen Entwicklung mitgegeben wurde. Für die Leistungsteams des eigenen Vereins mag dies ohne Belang sein, ob aber ein Jugendlicher nach einer Zeit im Volleyball seinen Weg zur Leichtathletik findet oder dem Sport ganz verlorengeht – aus pädagogischer Sicht macht dies einen erheblichen Unterschied. Und sollten Leichtathletik-Nachwuchstrainer einen ähnlich breiten Ansatz der „Bausteinausbildung" verfolgen, dann sollte sich im Hinblick auf den Weggang aussichtsreicher Talente die Gewinn-Verlust-Rechnung unter dem Strich ja ausgeglichen gestalten.

3. Konsequenz: Koordinationstraining für Kinder

Interessanterweise führt uns dieser Gedanke der pädagogischen Orientierung unmittelbar zur dritten und letzten Konsequenz des Baukastenansatzes, die in diesem Abschnitt erörtert werden soll. Diese Konsequenz betrifft die Nützlichkeit des Konzepts auch für die Strukturierung eines breit angelegten Koordinationstrainings im Kindesalter. Zwar scheint es – wie wiederholt festgestellt – aus Gründen der späteren Leistungsentwicklung in einer bestimmten Sportart weder notwendig noch angeraten zu sein, sich in Bausteinkompetenzen zu üben, die in der angezielten Sportart gar nicht vorkommen; aus pädagogischer Perspektive wäre jedoch ein allein auf spätere sportartspezifische Leistungen ausgelegtes „Trimmen" nur schwer zu verantworten. Angemessener ist es wohl, den Kindern eine so breite Grundlage mitzugeben, dass sie im Laufe ihrer Entwicklung selbst entscheiden können, ob sie sich später einmal auf eine bestimmte Sportart spezialisieren wollen und wenn ja, auf welche. Übersetzt man diese Forderung in die Sprache des Baukastenkonzepts, würde es also aus pädagogischer Sicht wünschenswert sein, die Kinder mit einer möglichst großen Zahl von Bausteinen auszustatten, auf die sie später einmal zurückgreifen können, wenn sie sich dem spezifischen Training in einer selbst gewählten Sportart widmen.

Vor diesem Hintergrund überrascht es nicht, dass das für das Volleyballspiel von Hossner und Kortmann erarbeitete Bausteinkonzept Ende der 1990er Jahre auf einen sportartübergreifend ausgerichteten Ansatz übertragen wurde: die von Roth und Kröger entwickelte „Heidelberger Ballschule" (Roth & Kröger, 1999; 2011), die in der Zwischenzeit eine beträchtliche nationale und gar internationale Verbreitung erfahren hat. Im oberen Teil der Abbildung 6 findet man die Technikbausteine zusammengefasst, auf denen das sportspielübergreifende Konzept des „ABC für Spielanfänger" der Ballschule fußt (in der revidierten Fassung der 2011er-Auflage). Wie man sieht, handelt es sich hier um eine Auswahl grundlegender Bausteine, die in verschiedenen Ballsportarten wichtig sind. Die Aufbaustufe des Ballschulkonzepts wird in ihrer Bausteinsammlung im mittleren Teil der Abbildung 6 veranschaulicht. Auf dieser Stufe wird eine größere Sportartorientierung erlaubt, also eine Eingrenzung auf einen Teilbereich der Sportspiele vorgenommen, hier: auf den Bereich der Rückschlagspiele (Roth, Memmert & Kröger, 2007). Auf dieser Stufe erfolgt erneut eine Auswahl fundamentaler Bausteine, wobei im Vergleich zur Basisstufe einige Bausteine hinzukommen, beispielsweise der allein rückschlagspielrelevante Baustein „Winkel steuern", während andere Bausteine wegfallen, weil sie in den Rückschlagspielen nicht benötigt werden, beispielsweise der Baustein „Ballbesitz kontrollieren". Im unteren Teil der Abbildung 6 findet man schließlich die Technikbausteine, die in diesem Buch dem Techniktraining nach dem Baukastenprinzip im Volleyball zugrunde gelegt werden. Auf dieser hohen Stufe der Sportartspezifik erfolgt keine Bausteinauswahl mehr aufgrund eines mehr oder weniger fundamentalen Charakters; aufgeführt sind vielmehr sämtliche Bausteine, die sich nach den oben skizzierten Überprüfungsschritten des Volleyball-Baukastens als relevant erwiesen haben.

Die Heidelberger Ballschule

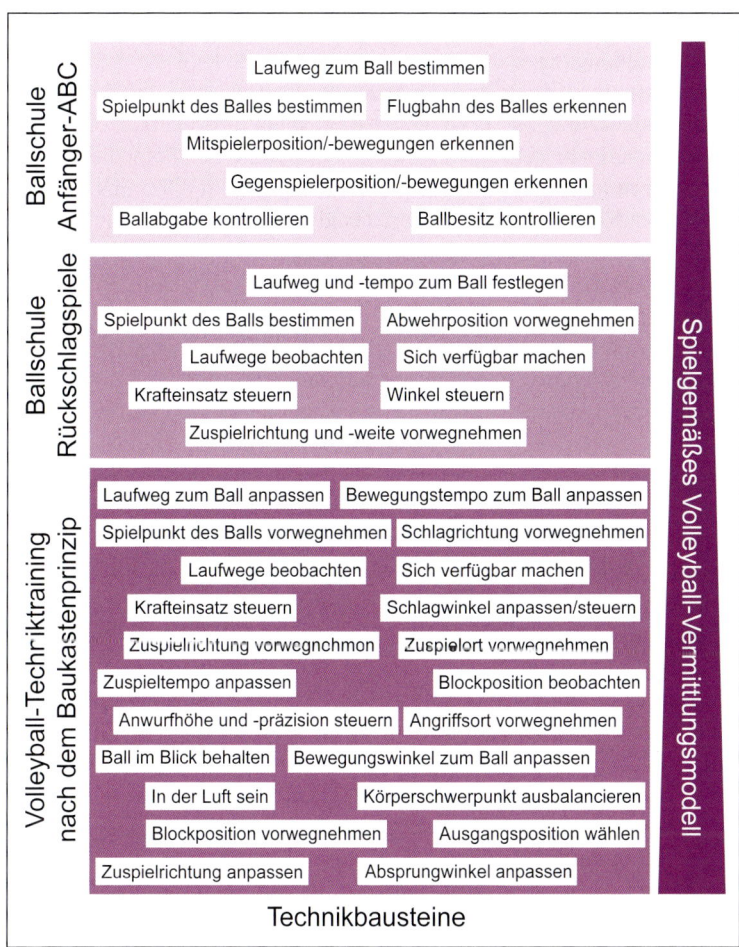

Abb. 6: Technikbaustein-Konzepte im langfristigen Trainingsprozess. Der veranschaulichte Weg führt von der sportspielübergreifenden Heidelberger Ballschule (Roth & Kröger, 1999; 2011; Praxisideen Band 1) über die rückschlagspielbezogene Ballschul-Aufbaustufe (Roth, Kröger & Memmert, 2002; 2007; Praxisideen Band 7) zum Techniktraining nach dem Baukastenprinzip im Volleyball (Kittel, Lamschik, Kortmann & Hossner, 2016; Praxisideen Band 63). Bei spielerischer Gestaltung erweist sich der Ansatz des Technikbaukastentrainings als kompatibel zum spielgemäßen Volleyball-Vermittlungsmodell (Kröger, 2010; Praxisideen Band 33).

Ballschule und Technikbaukasten im Vergleich

Die gemeinsame Wurzel der Heidelberger Ballschule mit dem in diesem Buch vorgestellten volleyballspezifischen Technikbaukasten liegt auf der Hand. Tatsächlich zeigen sich zwischen den Ansätzen – abgesehen von der Breite der Zielorientierung – nur Unterschiede im Detail.

So ist zum Ersten in der Ballschule noch von einer „fähigkeitsorientierten" Ausbildungssäule die Rede; damit werden jedoch nicht die fähigkeitsorientierten Techniktrainingsansätze angesprochen, wie sie weiter oben im Abschnitt zur Fertigkeits- und Situationsspezifität behandelt wurden. Vielmehr geht es an dieser Stelle vor allem um die Hinzunahme verschiedener Druckbedingungen im Techniktraining. Genau solche Druckbedingungen werden auch im vorliegenden Buch behandelt werden, nur etwas weiter hinten, wenn es in späteren Kapiteln um die methodische Umsetzung des Techniktrainings nach dem Baukastenprinzip geht. Zum Zweiten wird in der Heidelberger Ballschule zwischen einer fertigkeitsorientierten und einer situationsorientierten Ballschule unterschieden, sodass neben Technikbausteinen auch noch „Taktikbausteine" formuliert werden. Hiervon haben wir abgesehen, da spätestens im sportartspezifischen Ballspiel diese Unterscheidung nur noch wenig Sinn macht und vielmehr Techniken nur noch als taktische Lösung situativer Aufgaben betrachtet werden sollten. Wir haben deshalb das Baukastenkonzept dem technikorientierten Ansatz zugeordnet, wobei Technik – wie bereits wiederholt festgestellt – als spezifische Lösung spezifischer situativer Bewegungsaufgaben verstanden werden sollte. Zum Dritten wird in der Ballschule dem situationsorientierten Pfeiler der Zusatz „spielerisch" angefügt. Auch auf diesen Aspekt werden wir später in diesem Buch noch zu sprechen kommen, wenn es um die konkrete methodische Umsetzung des Konzepts geht. Schon jetzt kann man aber sagen, dass aus dem Techniktraining nach dem Baukastenprinzip keineswegs die Konsequenz abgeleitet werden kann, dass nur in nicht-spielerischer Weise geübt werden sollte. Ganz im Gegenteil sagt die spezifische Position des Konzepts ja, dass der Transfer umso größer ausfällt, je mehr sich Übungs- und Zielsituation ähneln. Spielformen, die auf das Training von Technikbausteinen oder Technikgebäuden abzielen, wäre daher einem nicht-spielerischen Üben grundsätzlich der Vorzug zu geben. In Abbildung 6 wird dieser spielerische Bezug durch den durchlaufenden Pfeil auf der rechten Seite verdeutlicht, wobei die Nähe zum „großen" Zielspiel von Stufe zu Stufe zunimmt. Es sollte herausgestellt werden, dass mit dieser Spielorientierung das Baukastenkonzept auch mit sogenannten spielgemäßen Konzepten der Sportspielvermittlung im Einklang steht. Das vorliegende Buch kann von daher durchaus auch als – bislang fehlendes – Glied in der Kette von einem grundlegend sportspielübergreifenden über ein auf die Rückschlagspiele eingeschränktes Bausteinkonzept zu dem von Kröger (2010) vorgeschlagenen spielgemäßen Volleyball-Vermittlungsmodell verstanden werden. Welche Besonderheiten sich in methodischer Hinsicht aus dem Ansatz für die Gestaltung des Volleyball-Trainings ergeben, werden wir in den folgenden Kapiteln sehen.

Der Volleyball-Technikbaukasten: eine Bedienungsanleitung

Technikbausteine:
Elemente der Bewegung

Technikgebäude:
Situationen des Spiels

Das Wie? beim Techniktraining
nach dem Baukastensystem

Kapitel

2

Weiter oben wurde ja die „Was vs. Wie"-Frage aufgemacht. Der Volleyballbaukasten ist eine Beantwortung der „Was"-Frage. Mit Hilfe der Bausteine oder Technikgebäude weiß man, was man trainieren will. Zumeist wird die Trainingszeit nicht reichen, alle Bausteine und alle Situationsklassen gleichmäßig häufig zu trainieren. Neben der Analyse der eigenen Spieler (s. u.) kann es hilfreich sein, sich an den Anforderungen des Spiels zu orientieren. **Die „Was"-Frage in der Praxis**

Dabei sollte sich die Häufigkeit zunächst pragmatisch an deren Vorkommen im Spiel orientieren. Wenn man zugrunde legt, dass nur 13% aller Spielsituationen im Bereich „Aufschlag-Annahme" stattfinden, hingegen aber 60% aller Spielsituationen im Bereich „Annahme-Zuspiel-Angriff gegen Block" (Voigt, 2003), dann erhält man schon erste Anhaltspunkte, welche Handlungsketten man wie oft trainieren sollte. Lediglich 15% aller Spielsituationen macht der Komplex „Block/Abwehr – Zuspiel – Gegenangriff" aus, die Wahrscheinlichkeit, dass das Spiel danach noch weitergeht, liegt bei 5% (Voigt, 2003). Wenn das eigene Team in einem dieser Bereiche deutliche Schwächen offenbart oder die Gewichtung in der eigenen Liga eine andere ist, kann und muss man hier Verschiebungen vornehmen. **Häufigkeit und Schwierigkeit**

Des Weiteren sollte man als Trainer immer berücksichtigen, dass Spielsituationen unter Zeitdruck die fehleranfälligsten (Zeitdruck verlangt Automatismus) sind und deswegen längere Zeit beharrlichen Übens benötigen. Im Volleyball ist dies das Element Annahme, aber insbesondere die Elemente Block und Feldabwehr.

Wie eingangs erwähnt beinhaltet das Baukastensystem zwei sich ergänzende Möglichkeiten des Trainings. Zum einen können die Bausteine „isoliert" trainiert und damit optimiert werden; dies ist das klassische Bausteintraining (Kapitel 3). **Bausteintraining – „Gebäude"training**
Zum anderen kann man einzelne Bausteine innerhalb einer komplexen Situation akzentuieren; dies ist das Technikgebäudetraining (Kapitel 4). Beide Trainingsformen ergänzen sich. Der Anfänger wird in der Regel einen größeren Anteil Baustein- und der Experte einen größeren Anteil Technikgebäudetraining im Gesamttraining haben.

Technikbausteine: Elemente der Bewegung

Mit „Technikbausteinen" werden die zentralen Verhaltensweisen eines Spielers in Spielsituationen benannt, die ihn die typischen Aufgaben im Volleyball lösen lassen. Hierbei gibt es wichtige Bausteine. Diese kommen in vielen Spielsituationen vor und sind für erfolgreiche Aktionen bedeutsam. Weniger wichtig sind Bausteine, die seltener vorkommen und daher in Spielsituationen in der Regel weniger relevant sind.

Bausteine im Anfängertraining

Der große Vorteil der Bausteine ist der, dass sie schon in unspezifischen Übungen geschult werden, um dann auf die spezifische Technik übertragen (Transfer!) zu werden. So wird jedem Kind das obere Zuspiel auf Anhieb um einiges leichter fallen, wenn es vorher beispielsweise einige Wochen Übungs- und Spielformen zu den Bausteinen „Spielpunkt des Balls vorwegnehmen", „Krafteinsatz steuern" oder „Körperschwerpunkt ausbalancieren" absolviert hat.

Zeitökonomische und lernpsychologische Gründe sprechen ebenfalls für ein gezieltes Bausteintraining. So wünschenswert es ist, jedem Kind einen möglichst großen „Schatz" an Bausteinen mitzugeben (Roth & Kröger, 1999; 2011), so wünscht sich der Volleyballtrainer Hinweise, wie er in der knappen Trainingszeit die richtigen Reize setzt. Ganz konkret geht es also darum, aus der unüberschaubaren Anzahl von kleinen Spielen diejenigen für seine Gruppe auswählen, die für seinen Trainingsschwerpunkt relevant sind und damit auch Volleyball vorbereiten helfen.

Bausteine im Leistungstraining

Im Leistungsbereich dient die Bausteinsammlung dem Trainer als Checkliste zur Beurteilung der Leistung seiner Spieler in verschiedenen Spielsituationen. Typische Fehler treten hierbei oft auf, weil dem Spieler in der Situation entscheidende Fehlergründe nicht bewusst sind (Gasse & Westphal, 1997; Hossner, 2003). So ist vielen Spielern in der Situation Angriff nicht klar, zu welchem Zeitpunkt sie die gegnerische Blockpositionierung beobachten sollten. So lange die Situation erfolgreich gelöst wird, wird dies weder dem Trainer noch dem Spieler selbst auffallen. Erst bei Misserfolg stellt sich die Frage nach dem „Fehler". Dann ist es ein mühsamer Weg für Trainer und Spieler, den Baustein zu identifizieren, ihn isoliert (Bausteintraining!) einzuüben, um ihn dann in die Spielsituation zu integrieren.

Technikgebäude: Situationen des Spiels

Wenn wir von „Technikgebäuden" sprechen, meinen wir jegliches Verhalten eines einzelnen Spielers in einer Spielsituation, in der Literatur auch oft Handlungskette genannt. Ein großer, ganz praktischer Vorteil dieser Betrachtungsweise liegt darin, dass (im Gegensatz zu den fertigkeitsorientierten Ansätzen, siehe oben) ballgebundene und ballungebundene Aktionen betrachtet werden.

Da Volleyball eine Sportart mit sekündlichen Situationswechseln ist, spielt „Umschalten" in der Ausbildung von Anfängern eine wesentliche Rolle (Voigt & Jendrusch, 2013). Anfänger müssen früh damit konfrontiert werden, Spielsituationen als Abfolge von Bausteinen zu erkennen und zu kennen. Will heißen: Strukturnähe bildet die übergeordnete Richtschnur für die Auswahl und Reihung von Übungen im Training, auch wenn noch nicht Volleyball gespielt wird (Voigt, 2000). So kann der Baustein „Spielpunkt des Balls vorwegnehmen" (unter anderem) nur in Kombination mit „Bewegungstempo dem Ball anpassen" und „Laufweg zum Ball anpassen" strukturnah Bedeutung erhalten.

Technikgebäude im Anfängertraining

Im Leistungsbereich geht es im Training im Wesentlichen um die Optimierung des Verhaltens in komplexen Spielsituationen, eben den Technikgebäuden. Neben der Identifikation von Fehlerursachen (s. o.) muss es hier darum gehen, durch die Organisationsform, Aufgabenstellung oder Aufmerksamkeitslenkung einen oder mehrere Bausteine innerhalb eines Technikgebäudes zu akzentuieren. Um bei dem Beispiel mit der Beobachtung der Blockposition zu bleiben: der Spieler erhält die Aufgabe, in der komplexen Übung seine Beobachtung (Block innen oder außen?) durch Rufen mitzuteilen. Hierdurch kann der Trainer zweierlei feststellen: wann und mit welcher Qualität wird beobachtet?

Technikgebäude im Leistungstraining

Das Wie? beim Techniktraining nach dem Baukastensystem

Auf den ersten Blick ist die „Wie"-Frage im Baukastensystem ebenfalls sehr einfach zu beantworten. Man sucht die Bausteine raus, die benötigt werden, übt diese und schon funktioniert alles. Die Realität ist natürlich nicht ganz so einfach. Denn es geht ja nicht nur darum, beispielsweise grundsätzlich den „Körperschwerpunkt ausbalancieren" zu können. Vielmehr könnte es eine Anforderung sein, nach einem vorausgegangenen submaximal schnellen Laufweg über zwei Meter und einer halben Drehung den Körper so gegen das Center des eigenen Feldes auszurichten, dass eine Chance besteht, einen Ball, der mit 80km/h geschlagen wurde, zielgenau in die eigene Feldmitte umzulenken. Wenn man das beherrscht, kommt der Aufstieg in die nächsthöhere Liga mit mehr Tempo und Zeitdruck …

Auf das Niveau kommt es an!

Wir stellen uns idealtypischerweise vor, dass der Trainer aus dem beobachteten Spiel- oder Trainingsgeschehen heraus (mit der Bausteinliste als „Checkliste" vor sich) diejenigen Bausteine identifiziert, an denen die optimale Lösung der Situation scheitert. In der Trainingsvorbereitung sollte dann eine unspezifische Übung zur Schulung des

Trainingsplanung – Werkstattarbeit des Trainers

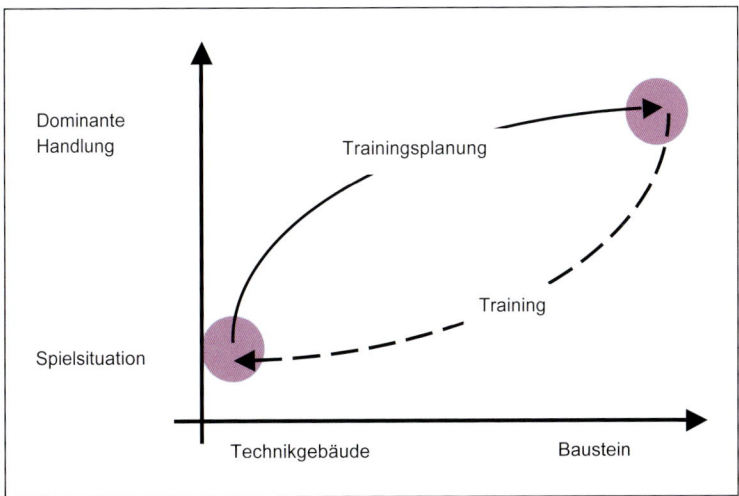

Abb. 7: Idealisierte Darstellung der Werkstattarbeit des Trainers. Aus der komplexen Spielsituation wird der Baustein isoliert, der nicht optimal funktioniert (hier als dominante Handlung bezeichnet, oberer Pfeil). Diese stellt den Beginn des Trainings dar (Bausteintraining). Im Laufe des Trainingsprozesses wird der Baustein zunehmend spezifischer (aber immer noch akzentuiert) in die Spielsituation integriert (Technikgebäudetraining).

Bausteins am Beginn der Trainingseinheit eingeplant werden. Im Trainingsverlauf wird der Baustein zunehmend spezifischer nach und nach in die Handlungskette integriert: es entsteht ein spezifisches Technikgebäude (Abb. 7). Durch die Aufmerksamkeitslenkung und Übungsorganisation bleibt der eingangs geübte Baustein vom Beginn der unspezifischen Übung für die Zeit des Trainings im Fokus – er ist in dieser Einheit die „dominante Handlung" (Voigt, 2003).

Trainingsgestaltung Natürlich kann so eine Vorgehensweise sich auch über mehrere Trainingseinheiten hinziehen, oder es können zwei Bausteine vorbereitet werden, die dann gemeinsam in das Technikgebäude integriert werden. Im Anfängerbereich kann es sogar sinnvoll sein, einige Wochen nur mit vorbereitenden Bausteinübungen zu trainieren, bevor die Integration in ein Technikgebäude erfolgt.

Baukastentraining – Steuerung der Schwierigkeit Wie oben bereits angedeutet, sind Anforderungen natürlich vom Können der Spieler abhängig. Wir versuchen ja auch, eine Verbesserung zu erreichen – mit anderen Worten, es bedarf noch eines Instruments zur Anpassung der Schwierigkeit an das Können der Spieler. In der Sportwissenschaft verfolgt man seit Mitte der 90er Jahre den Ansatz, die Anforderungen jeweils konkret für eine Situation zu modellieren, wenn

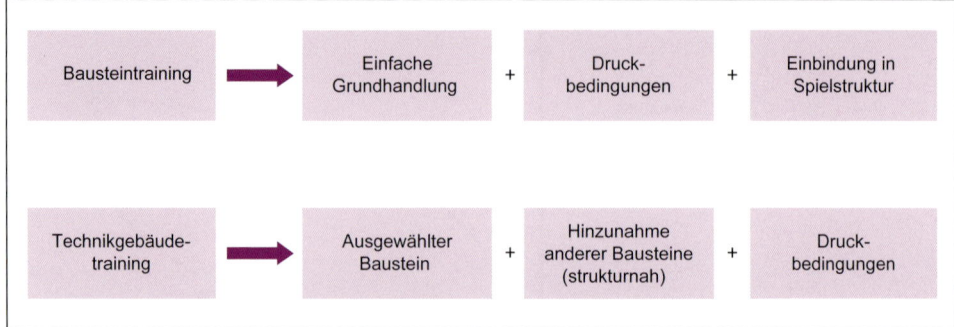

Abb. 8: Idealisierte Darstellung zum methodischen Vorgehen im Baukasten-training

es um sportartspezifisches Training geht (zuerst Neumaier & Mech-ling, 1994). Roth entwickelte, basierend auf dieser Idee, seine „metho-dische Grundformel" (2003) weiter, die wir hier für das Baukasten-training übernehmen und modifizieren (Abb. 8). So würde man ideal-typischerweise beim Bausteintraining eine Grundübung zunächst erschweren (z. B. dieselbe Handlung unter erhöhtem Zeitdruck durch-führen lassen) und dann erst andere Bausteine mit hinzunehmen. Beim Technikgebäudetraining würde man den ausgewählten Baustein zunächst isoliert optimieren, ihn dann unter einfachsten Bedingungen in die Spielstruktur integrieren und dann eine Erschwerung der Situa-tion vornehmen.

Natürlich kann man die vorgeschlagenen Übungen (wenn nicht ohne-hin fest vorgesehen) immer auch in spielerischer Weise durchführen. Wir stellen die meisten Übungen nur in einer Grundform dar – Varia-tionen sind hier ausdrücklich erwünscht!

Spielen und Üben

Bausteine des Volleyballs – Technikbaustein-Training

Technikbausteine – eine erste Annäherung in der Praxis

Bausteine – Definition und Training

Wahrnehmungsbausteine

Antizipationsbausteine

Positionierungsbausteine

Timing-Bausteine

Präzisionsbausteine

Anpassungsbausteine

Kapitel

3

Technikbausteine – eine erste Annäherung in der Praxis

Entsprechend der oben beschriebenen methodischen Grundformel des **Kategorisierung** Trainings haben wir die Bausteine hinsichtlich ihrer Hauptanforderung **nach Haupt-** zusammengefasst – so stellt die Anforderung, den Ball im Blick zu **anforderungen** behalten, meistens hohe Anforderung an den Wahrnehmungsapparat und weniger an die Sprungkraft. Eine Annahme mit gezieltem Impuls (= Krafteinsatz steuern) dosiert exakt zur optimalen Zuspielposition zu befördern, bringt in erster Linie Anforderungen an die Präzision (hier: Regulation der Stärke des Muskelimpulses gegen den Ball) mit sich.

Tab. 1

Wahrnehmungsbausteine	Ball im Blick behalten
	Laufwege beobachten
	Blockposition beobachten
Antizipationsbausteine	Spielpunkt des Balls vorwegnehmen
	Zuspielort vorwegnehmen
	Zuspielrichtung vorwegnehmen
	Angriffsort vorwegnehmen
	Blockposition vorwegnehmen
	Schlagrichtung vorwegnehmen
Positionierungsbausteine	Ausgangsposition wählen
	Sich verfügbar machen
	Bewegungswinkel zum Ball anpassen
	Bewegungstempo zum Ball anpassen
	Laufweg zum Ball anpassen
	In der Luft sein
Präzisionsbausteine	Anwurfhöhe steuern / Anwurfpräzision steuern
	Krafteinsatz steuern
Anpassungs-Bausteine	Körperschwerpunkt ausbalancieren
	Zuspielrichtung anpassen
	Absprungwinkel anpassen
	Schlagwinkel anpassen/steuern
	Zuspieltempo anpassen

Damit ist ausdrücklich kein Priorisierung in der Wichtigkeit vorgenommen worden! Alle Bausteine spielen im Volleyballspiel eine wichtige Rolle (wenn auch nicht alle für alle Spielsituationen).

Körperschwerpunkt ausbalancieren – der „elementare" Baustein

Wenn man einen Baustein für die elementare Rolle im Volleyballspiel hervorheben will, dann müsste dies „Körperschwerpunkt ausbalancieren" sein. Zur elementaren – und oft unterschätzten! – Rolle des Gleichgewichts haben sich schon Neumaier (2006[3]) und Voigt (2003) auch im Zusammenhang mit den koordinativen Anforderungen umfassend geäußert. Zur Rolle im Volleyball sollen an dieser Stelle nur einige grundlegende Gedanken eingebracht werden: Beim Volleyball kann der „Schläger", im Gegensatz zu anderen Rückschlagspielen wie beispielsweise Badminton, nicht unabhängig vom Körper bewegt werden. Diese zunächst triviale Aussage bringt weitreichende Konsequenzen mit sich. Da jeder Schlag (also jeder Ballkontakt) einen Teilkörperdrehimpuls erzeugt, muss die Kraft, die auf den Körper einwirkt, kompensiert werden (Tilp, 2004). Eindrucksvoll zu sehen ist dies, wenn Spieler auf hohem Niveau nach einer schwierigen Abwehr nach hinten fallen müssen. Auch in der Luft spielt der Baustein eine Rolle, wenn zum Beispiel das dynamische Gleichgewicht des Körpers während einer Schlagbewegung aufrecht gehalten werden muss.

Bausteine – Definition und Training

Unspezifisch – spezifisch – Varianten

Hier wird zunächst jeder Baustein auf seine Bedeutung im Volleyballspiel hin definiert. Auf eine unspezifische Übung, die (fast immer) ohne volleyballspezifische Fertigkeiten auskommt – und deshalb auch im absoluten Anfängerbereich eingesetzt werden kann, folgt jeweils ein Beispiel aus dem spezifischen Bereich. Die Intention ist, die Verknüpfung der Anfängerausbildung mit dem Leistungsvolleyball aufzuzeigen. Wie oben bereits angesprochen, folgen dann Hinweise zu Variationen, die sich mit Hilfe der methodischen Hinweise hinsichtlich einer möglichen Progression leicht zuordnen lassen.

Wahrnehmungs-Bausteine

Ball im Blick behalten

…ist im Volleyball die Grundvoraussetzung dafür, die zur Verfügung stehende Zeit für eigene Bewegungen optimal nutzen zu können.

Die Spielsituation ändert sich mit jedem Ballkontakt. Ein Spieler kann sich nur „ungestraft" bewegen, solange der Ball in der Luft ist. Um dies tun zu können, muss der Spieler stets genau wissen, wie viel Zeit ihm zur Verfügung steht. Die Flugbahn des Balles beeinflusst die Bewegungszeit und die eigene Positionierung.

Der Baustein beantwortet dem Spieler wesentliche Fragen: Wie schnell, wie hoch und wie weit/wohin fliegt der Ball? Wie viel Zeit bleibt mir? Welche Position nehme ich im „Schutz" des fliegenden Balles ein?

Unspezifische Übung

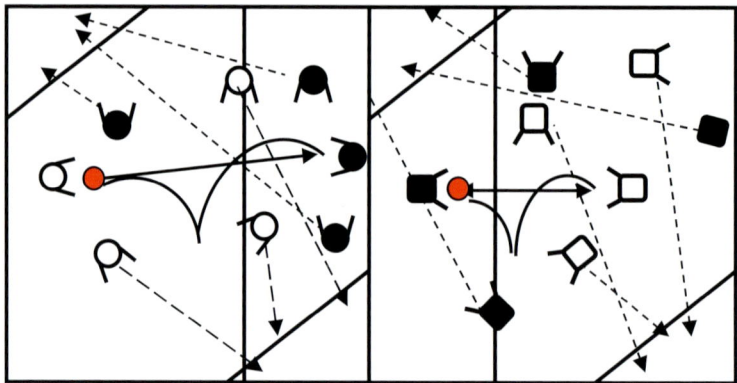

In einer Volleyballfeldhälfte befinden sich Gruppen mit n Spielern, die sich kreuz und quer bewegen. Zwei Spieler passen sich einen Ball zu, nach n Kontakten wird ein Ball gefangen. Auf dieses Kommando versuchen sich alle Spieler in eine vorher markierte Zielzone (je passenden Spieler eine andere) zu retten. **Aufgabe**

Die Spieler müssen lernen, ihre Position so zu wählen, dass sie die passenden Spieler und die mögliche Zielzone ohne Kopfdrehung sehen können **Hinweis**

Entscheidende Faktoren für die Steuerung der Schwierigkeit: **Variationen**
- Gruppengröße (mehr Spieler pro Gruppe)
- Ähnlichkeit der Bälle/Gleiche Bälle

- Mehrere Gruppen auf demselben Feld
- Freie Bewegung der Spieler gefordert
- Mit Volleyballtechniken

Spezifische Übung

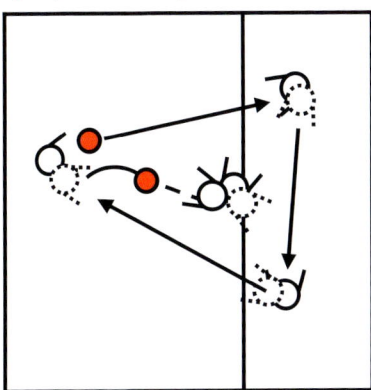

Aufgabe

Drei Spieler bilden ein Dreieck, ein vierter befindet sich in der Mitte. Die Spieler außen spielen sich einen Ball zu (oberes Zuspiel), jeder xte Ballkontakt findet einhändig statt. Der Ball wird kurz abgelegt. Der Spieler in der Mitte hat die Aufgabe, den kurz abgelegten Ball zu spielen.

Hinweis

- Der Spieler in der Mitte muss lernen, seine Position so zu wählen, dass er den Ball und den Spieler, der den Ball als nächster spielen wird, sehen kann
- Der Spieler in der Mitte soll seine Laufbewegung jeweils beim Ballkontakt eines Außenspielers beendet haben
- Der Spieler nennt den Namen des ballbesitzenden Spielers vor dessen Ballkontakt

Variationen

Entscheidende Faktoren für die Steuerung der Schwierigkeit:
- Distanz
- Erkennbarkeit des Diagnosemerkmals
- Freie Bewegung der Spieler gefordert
- Andere Volleyballtechniken

Laufwege beobachten

… den gegnerischen Laufweg oder den Laufweg des Mitspielers wahrzunehmen hilft:

• Die eigene Position in Bezug zum Mitspieler optimal anzupassen.
• Geplante Handlungen des Gegners (Techniken, Abspielrichtungen) „lesen" zu können.

Blicktechniken sind entweder ganzheitlich-gerichtet (Spieler bewegt sich von A nach B) oder ganzheitlich-unscharf (Spieler ist auf A und bewegt sich von dort (oder auch nicht)).

Unspezifische Übung

Mehrere Spielerpaare in jeder Feldhälfte, zu zweien einen Ball. A lässt **Aufgabe** den geworfenen Ball des Partners B auf dem Oberschenkel ticken, fängt ihn und wirft ihn unmittelbar zum Partner B zurück. Dieser hat in der Zwischenzeit den Standort verändert.

Hinweis

- Rufen ist in diesem Fall verboten!
- Der Laufweg soll unscharf-ganzheitlich beobachtet werden.

Variationen

- Nur ein Partner verändert den Ort (einfacher)
- Rollende Bälle (einfacher)
- Mehrere Paare im selben Feld (schwieriger)
- Andere Formen der Ballberührung
- Jeder Spieler zusätzlich einen Ball, diesen vor dem Fangen-werfen hochwerfen und wieder fangen.

Spezifische Übung

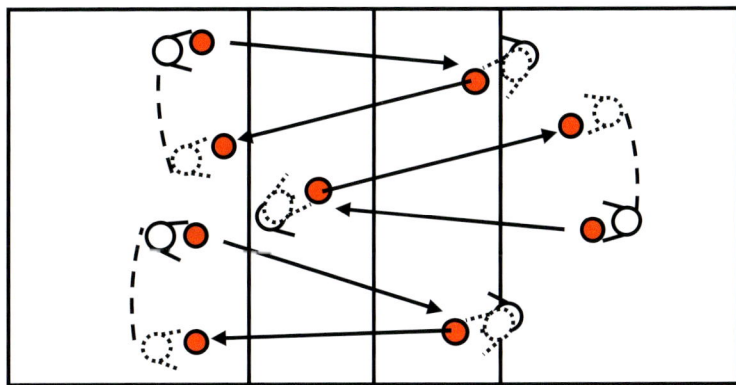

Aufgabe

Spielerpaare. Ein Spieler in jeder Feldhälfte. Miteinander spielen, zwei Kontakte pro Spieler. Nach dem Abspiel von A zum Partner B läuft A auf eine andere Position im Feld, der Partner B beobachtet den Lauf-weg von A und spielt den Ball auf dessen neue Position.

Hinweis

- Rufen ist in diesem Fall verboten!
- Der Laufweg soll unscharf-ganzheitlich beobachtet werden. Je nach Spielsituation (z. B. Angreifer im Außenangriff) kann ein Blick-sprung sinnvoll/möglich sein. „Beobachte den Spieler auf der ande-ren Seite bei seinem ersten und zweiten Ballkontakt gerichtet".

Variationen

- Nur ein Ballkontakt (Aktion in der Zeit)
- Mehrere Paare im selben Feld
- In 3er-Gruppen mit Nachlaufen
- Andere Volleyballtechniken (Schlagen)
- In 2er-Gruppen auf jeder Feldhälfte im Spielrhythmus (Abwehr-Zuspiel-Angriff)

Blockposition beobachten

… meint die Beobachtung des eigenen oder gegnerischen Blocks. Neben der Positionierung ist die Frage der Bewegung (seitlich oder hoch-tief) von Relevanz. Diese Beobachtungen sind die Voraussetzungen dafür, in der Abwehr die eigene Position an der Blockposition auszurichten. Sie beeinflussen die technisch/taktischen Entscheidungen im Angriff. In der Situation Zuspiel bestimmt die Wahrnehmung des Blocks zudem die Zuspielrichtung mit.

Unspezifische Übung

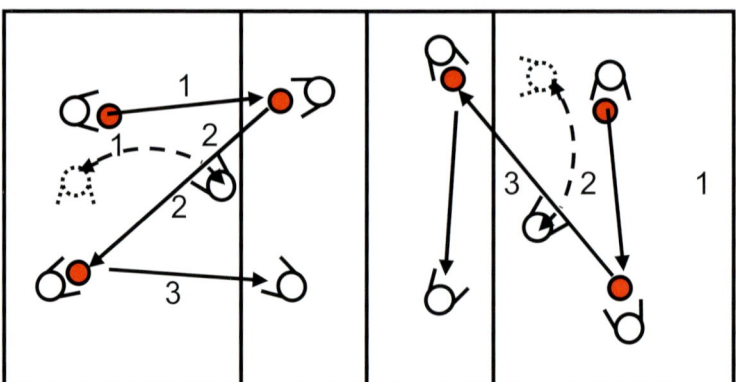

Vier Spieler im Viereck, ein Spieler in der Mitte. Ein Ball wird zwischen den Spielern außen hin und her gepasst (Druckpass in Brusthöhe). Der Spieler in der Mitte hat die Aufgabe, eine der möglichen Wurfrichtungen (Rückpass verboten) des fangenden Spielers zuzustellen. Der passende Spieler sagt vor dem Pass die offene Richtung an. **Aufgabe**

- Die Ballkontaktzeit sollte kurz gehalten werden (Wahrnehmung als Aktion in der Zeit) **Hinweis**
- Der mittlere Spieler darf die Richtung erst zustellen, wenn der Ball in der Luft ist
- Die Wahl der richtigen Abstände (je nach Leistungsniveau und Alter) ist entscheidend für das Gelingen der Aufgabe
- Das Rufen dient der Kontrolle der Wahrnehmung (unabhängig von der Motorik)

- Den Pass mit Bodenkontakt spielen (einfacher) **Variationen**
- Balltechnik immer mehr dem Volleyball annähern (schwerer)
- Zwei Spieler in der Mitte (einfacher)
- Rückpass erlaubt, es sind zwei Richtungen von nun möglichen Dreien zugestellt

Spezifische Übung

Aufgabe

Ein Spieler spielt eine Annahme, läuft dann aus dem Feld hinaus, um einen diagonalen Anlauf für einen Angriff über die Position 4 zu haben. In dem Moment, in dem der Zuspieler Ball-Handkontakt hat, ruft der Annahme-Angreifer die Positionierung (Linie oder Diagonal) des Blockspielers auf der gegnerischen Position 2. Während des weiteren Anlaufs ruft der Angreifer, wenn der Blockspieler seine Position verändert. Der Angriff erfolgt in die Richtung, die nicht blockiert wird.

Hinweis

- Die Ausgangsposition (im Moment des Zuspiels) soll scharf beobachtet werden (Blicksprung), die weitere eventuelle Änderung der Position ganzheitlich-unscharf
- Das Rufen dient der Kontrolle der Wahrnehmung (unabhängig von der Motorik)
- Signalwörter absprechen (kurz und prägnant)

Variationen

- Angeworfener Ball statt Annahme (einfacher)
- Variation des Laufwegs durch Annahmeort (schwerer)
- Freiheitsgrade des Blockspielers in Ortsanpassung und zeitlicher Einschränkung einschränken (einfacher) oder erweitern (schwerer)
- Gleiche Beobachtung auch bei schlechter Annahmequalität (schwerer)

Antizipations-Bausteine

Spielpunkt des Balls vorwegnehmen

… meint den zukünftigen Spielpunkt des Balls für die ideal gewählte Grundtechnik gedanklich vorweg nehmen zu können. Dieser Baustein muss wegen der im Volleyball sehr kleinen Zeitfenster von Beginn an während eigener Bewegung geschult werden („Aktion in der Zeit").

Unspezifische Übung

Grundprinzip: Laufaktion, stehen, Ballaktion   **Aufgabe**

Ein Spieler lässt den Ball, der in einem begrenzten Feld mit einer halbhohen, langsamen Flugkurve angespielt wird, durch seine geöffneten Bälle ticken, dreht sich um und fängt den Ball.

Hinweis
- Zahlreiche Variationsmöglichkeiten der Laufaktion durch Lauftechnikvorgabe, Startposition, Ort und Qualität (z. B. Höhe, Tempo) des angespielten Balls
- Variationsmöglichkeiten in der Differenzierung der Distanzregulation durch die Vorgabe der Ballkontaktfläche

Variationen
- Änderung der Ballkontaktfläche (Fuß, Kopf, Schultern, Rücken, ...)
- Zwei Spieler, frühes Rufen, auch mit zwei Kontakten möglich (schwerer)
- Als Wettbewerb: 2:2, der vordere Spieler lässt den Ball zwischen den geöffneten Beinen aufprellen, der hintere baggert zum Gegner (dann Funktionswechsel) (schwerer)

Spezifische Übung

Aufgabe
Ein Angriffsspieler wirft sich seinen Ball selbst an, und schlägt ihn in Verlängerung einer Anlaufrichtung auf einen Verteidigungsspieler – dieser richtet seine Position während des Anwurfs nach der Frontalachse und der Netzdistanz des Angreifers aus und verteidigt den Angriff.

Hinweis
- Es gilt: Netznahe Angriffe fliegen nicht so tief ins Feld (Verteidiger muss netznäher sein), netzferne Angriffe fliegen tief ins Feld (Verteidiger muss netzferner sein)
- Es gilt: der potenziell härteste Schlag erfolgt senkrecht zur Frontalachse – die Positionierung muss auf dieser (gedachten) Linie erfolgen
- Jegliche Anpassungen der Körperposition und der Ausrichtung des Körperschwerpunktes müssen unmittelbar vor, spätestens beim Ball-Handkontakt des Angreifers beendet sein
- Zusätzliches Rufen des Verteidigers (z. B. „dicht") zur Kontrolle der Wahrnehmung

Variationen
- Anstatt Angriff Anwurf-Fangen, Fußballeinwurf (einfacher)
- Einen Freiheitsgrad einschränken (entweder Netzdistanz oder Richtung immer gleich) (einfacher)
- Schläge immer gegen die Schulterachsenrichtung, erst vorgegeben, dann frei (Diagnosemerkmal Ausholbewegung „weg vom Körper") (schwerer)
- Mit Zuspieler (schwerer)
- Mit Zuspieler und zwei Angreifern (oder mehr) (schwerer)
- Wie oben, mit Block (schwerer)

Zuspielort vorwegnehmen

… wenn der Zuspielort anhand der Beobachtung der Ausrichtung des Spielbretts und des Ballflugs der Annahme/Abwehr möglichst genau vorweg genommen wird, können Anlaufweg, -winkel, -richtung optimal gestaltet werden.

Die abwehrende Mannschaft muss die eigenen Ausgangspositionen entsprechend anpassen.

Unspezifische Übung

Zwei Spieler, ein Ball. A wirft den Ball mit **Aufgabe** hoher Flugkurve nach Frontalachsendrehung im Bogen von unten an. Der zweite Spieler B soll den Ort der Landung des Balles vorwegnehmen und an dieser Stelle den Ball im Sitzen fangen.

- Es muss sowohl die Frontalachse des An- **Hinweis** werfers (Richtung) als auch die Qualität der Flugkurve (Ort) beobachtet werden
- Der zweite Spieler darf erst nach dem Abwurf starten
- Die Startpositionen zum werfenden Spieler sollten systematisch variiert werden (daneben, gegenüber, …)
- Zusätzliches Rufen des laufenden Spielers zur Beschreibung der Qualität der Ballflugkurve (z. B. „flach") zur Kontrolle der Wahrnehmung

- Anwurf durch einen dritten Spieler, bag- **Variationen** gern anstatt werfen (schwerer)
- Einen Freiheitsgrad einschränken (entweder Frontalachsenausrichtung oder Flughöhe immer gleich) (einfacher)
- Zwei Spieler nebeneinander, derjenige, der näher in Verlängerung der Frontalachse des werfenden Spieler steht, muss den Ball fangen (schwerer)
- Zuspielen anstatt fangen (schwerer)

Spezifische Übung

Aufgabe

Ein Blockspieler. Ein Werfer auf der gleichen Seite. Dieser wirft Bälle für einen Annahmespieler über das Netz an. Der Annahmespieler variiert die Qualität seiner Annahmen, der Zuspieler fängt die Annahmen. Der Blockspieler beurteilt die Qualität der Annahme – möglichst früh nach dem Ballkontakt – mit „gut", „spielbar" „schlecht".

Hinweis

- Entscheidend für die Qualität des angenommenen Balles ist die Netzdistanz, der Ort an der Netzbreite, die Flugkurve und -geschwindigkeit (Coach muss Stufen für sein Team definieren)
- Das Kriterium für „gut" ist die Möglichkeit für den Zuspieler, ein erstes Tempo zu spielen (je nach Niveau), „spielbar" hoher Pass vor/hinter dem Zuspieler, „schlecht" keine Aktion im Sprung möglich
- Den Annahmeort systematisch variieren
- Das Rufen zur Beschreibung der Qualität des Zuspielortes dient der Kontrolle der Wahrnehmung

Variationen

- Mit Angreifer, gute Situation – Schnellangriff, schlechte Situation – Außenangriff – Block dagegen (schwerer)
- Die systematische Verschiebung des Zuspielortes in der Netzbreite bei sonst guter Annahmequalität führt zur Schaffung eines „langen Wegs" – diesen soll der Blockspieler zusätzlich rufen (schwerer)
- Wie oben, Zuspieler sucht sich den Angriff aus (schwerer)
- Situation Zuspieler vorne (Möglichkeit eines zweiten Balls), dadurch Mehrfachanforderung des Blockspielers (schwerer)
- Einbindung von Angriffskombinationen (schwerer)

Zuspielrichtung vorwegnehmen

… meint die Fähigkeit, aufgrund des Zuspielorts und der Körperstellung, z. B. Frontalachse, Stellung des Zuspielers zum Ball (Körperschwerpunkt in Relation zu Füßen, Hüfte, Armbeugung, Hände) die Flugrichtung des Balles frühzeitig zu erkennen.

Unspezifische Übung

Aufgabe Drei Spieler A, B, C (Variation von „Schweinchen in der Mitte") Spieler C in der Mitte, A und B in einem quadratischen Spielfeld außen. A rollt den Ball (achsengerecht) zu B, die Frontalachse wird schon vor dem Ballkontakt in die neue Rollrichtung ausgerichtet. C hat die Aufgabe, den Ball mit den Händen zwischen den geöffneten Beinen auf dem Boden anzuhalten. Gelingt das, löst C den zuletzt rollenden Spieler ab. Dieser wird zum „Schweinchen" in der Mitte.

Hinweis
- Die Ausrichtung der Frontalachse ist der antizipative Hinweis für den Spieler in der Mitte, um erfolgreich zu sein.
- Die Wahl der Feldgröße ist das entscheidende Kriterium für die angemessene Schwierigkeit der Aufgabe
- Der Ballkontakt muss kurz sein
- Beide Füße (und nur die Füße) dürfen und sollen Bodenkontakt haben
- Der Ball hat immer Bodenkontakt (kein Anheben, kein „Hoppeln")

Variationen
- Mehr Spieler (schwerer)
- Mit einem schweren Ball als Schläger zur Erhöhung des Zeitdrucks (Ball mit Ball) (schwerer)
- Bälle dürfen nur gegen die Frontalachsenrichtung gespielt werden (schwerer)
- Mit Volleyballtechniken (Höhe der Bälle einschränken) (schwerer)

Spezifische Übung

Aufgabe

Anwurf, Zuspiel entweder auf die Position 4 oder die Position 2. Ein Blockspieler hat die Aufgabe, die Zuspielrichtung anzusagen und einen Block gegen den Angriff zu stellen.

Hinweis

- Diagnosemerkmale am Zuspieler können sein (je nach Niveau): Frontalachse, Daumenhaltung und Neigung der Handteller, Ellenbogenbeugung bzw. -streckung, Kniewinkel, Körperschwerpunkt in Relation zum Boden, Körperposition in Bezug zum Ball (je nach Niveau)
- Es bietet sich an, die Beobachtungsaufgabe systematisch in guten und schwierigen Zuspielsituationen zu üben (also wenn der Zuspieler sich bemüht verdeckt zu spielen und wenn er dies zugunsten der Qualität aufgibt)
- Das Rufen zur Beschreibung der Zuspielrichtung dient der Kontrolle der Wahrnehmung
- Auf eine Entscheidung des Blockspielers vor dem Ballkontakt des Zuspielers bestehen

Variationen

- Zuspieler zeigt seine Richtung durch Drehung des Körpers an (einfacher)
- Zuspiel im Sprung (schwerer)
- Netznaher Angriff und /oder Einbindung eines Hinterfeldangreifers, damit schwierigere Beobachtung wegen Tiefensehen (schwerer)
- Einbindung eines zusätzlichen Schnellangreifers (schwerer)
- Variation des Zuspielortes in der Netzbreite, damit Schaffen eines langen Weges (schwerer)
- Angriffskombinationen einbinden (schwerer)
- Zuspieltäuschungen einbauen (schwerer)

… hilft dem Blockspieler, dem Abwehrspieler, aber auch den Spielern, die den Angriff sichern, ihre Positionen optimal schnell einzunehmen. In dieser Situation ist oft ein Blicksprung erforderlich (z. B. Zuspieler – Angreifer)

Unspezifische Übung

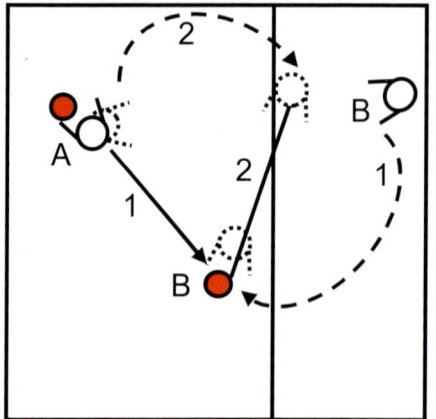

Ein Spieler A hat einen Ball und die Aufgabe, den Ball vorwärts oder **Aufgabe** durch die Beine rückwärts zu rollen. B erläuft den Ball und richtet seine Frontalachse vorher auf ein anderes Ziel aus.
Der Spieler muss zunächst die Entscheidung treffen, in welche Richtung gerollt wird, um dann einen Blicksprung auf den angespielten Spieler zu machen. Die Frontalachse gibt die Rollrichtung vor, der gerollte Ball wird von dem beobachtenden Spieler abgefangen.

- Die Neuausrichtung der Frontalachse darf von den äußeren Spielern **Hinweis** erst mit dem Rollen aus der Mitte eingenommen werden
- Der Ball darf nicht festgehalten werden, um Zeitdruck zu erzeugen
- Die Distanz zwischen Mittelspieler und Außenspielern muss so groß sein, dass ein Blicksprung notwendig ist
- Nur die Füße und der Ball haben Bodenkontakt
- Die Rollgeschwindigkeit muss dem Niveau angepasst sein

- Frei im Raum (die drei Spieler auf einer Linie, der Beobachter auf **Variationen** Höhe des mittleren Spielers) (schwerer)
- Mit Volleyballtechniken (schwerer)
- Die Außenspieler mit Ortsveränderung/Anlauf (schwerer)

- Größere Zuspieldistanz (schwerer)
- Mit Lauftäuschung der Angreifer (schwerer)

Spezifische Übung

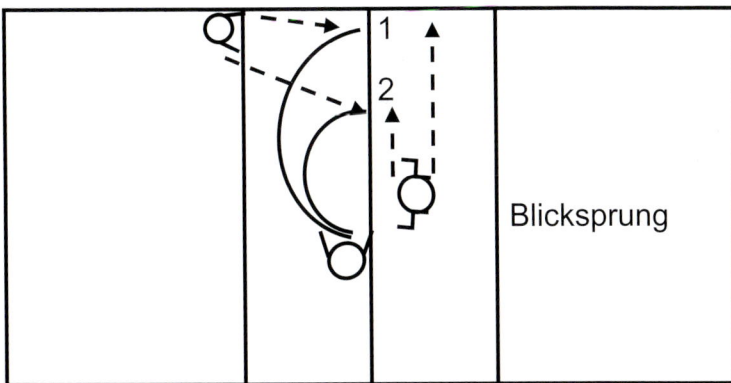

Aufgabe

Ein Blockspieler beobachtet den Zuspieler und hat die Aufgabe, auf ein optisches Signal einen Blicksprung auf den Angriffsspieler durchzuführen. Mit dem optischen Signal des Zuspielers variiert der Angreifer Ort und Anlaufrichtung seines Angriffs.

Der Blockspieler soll/muss beide Qualitäten möglichst schnell benennen (z. B. „innen, diagonal").

Hinweis

- Die Einteilung „innen" und „außen" kann durch zusätzliche Antennen oder Markierungen erleichtert werden
- Diagnosemerkmale sind die Frontalachsenausrichtung und Startposition des Angreifers
- Für das optische Signal bietet sich ein simuliertes Zuspiel an

Variationen

- Mit Ball (schwerer)
- Angreifer startet später/früher (leichter/schwerer)
- Variation der Flugkurve des Zuspiels (schwerer)
- Größere Zuspieldistanz (schwerer)
- Mit Lauftäuschung des Angreifers (schwerer)
- Mit sich zusätzlich positionierendem Außenblocker (schwerer)
- Zuspieltäuschungen einbauen (schwerer)

Blockposition vorwegnehmen

… heißt, dass diejenigen, die blockabhängig agieren (Angriff, Sicherung, Abwehr) ihre Position oder taktische Entscheidung anpassen. Diese Beobachtung findet oft unscharf-ganzheitlich statt (z. B. Angriff: Ball scharf – Block unscharf /Abwehr: Hand-Schulter des Angreifers gerichtet – Block unscharf).

Unspezifische Übung

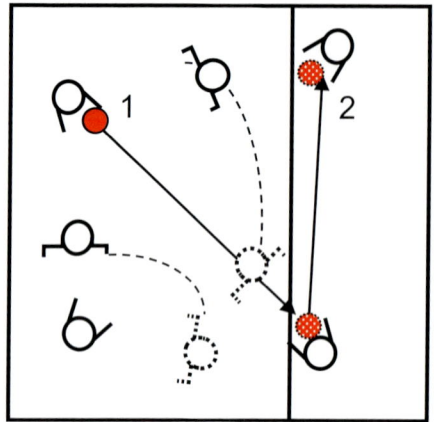

Aufgabe Rollball 2:4. Vier Außenspieler im Quadrat, zwei Spieler in der Mitte. Da dem ballbesitzenden Spieler immer nur eine von drei möglichen Rollrichtungen offen bleibt, muss er die freie Rollrichtung erkennen.

Hinweis
- Die Wahl der richtigen Feldgröße (je nach Niveau) ist entscheidend für das Gelingen
- Diagnosemerkmale sind die Positionen der zwei Spieler in der Mitte
- Zusätzlich kann ein Rufen der gewünschten Spielrichtung gefordert werden

Variationen
- Variation der Feldgröße (leichter/schwerer)
- Andere Balltechniken (leichter/schwerer)
- Oberes Zuspiel mit Zwischenspiel (schwerer)

Spezifische Übung

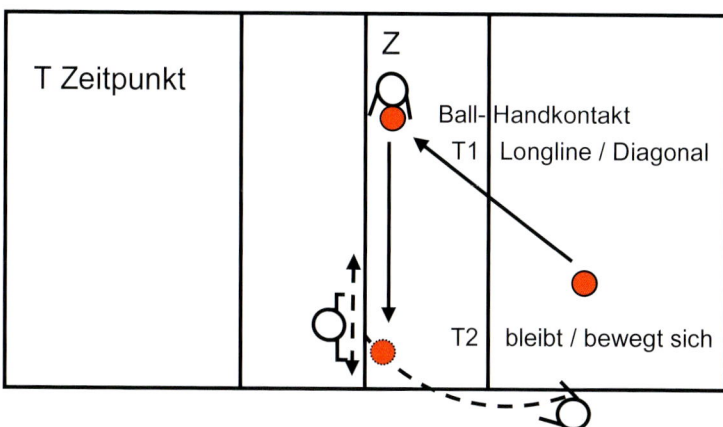

Aufgabe

Ein Angreifer hat die Aufgabe, in seiner Anlaufgestaltung zweimal die Position des gegnerischen Blocks zu bestimmen (Beispiel Außenangriff). Beim Ball-Handkontakt des Zuspielers (scharf), während seiner Annäherung eine eventuelle Positionsveränderung (ganzheitlich).

Hinweis

• Die Beobachtung über die Ausgangsposition des Blockers sollte scharf erfolgen und muss deshalb relativ früh im Ballwechsel sein. Da während der Annäherung der Ball wahrgenommen werden muss, kann nur noch (ganzheitlich-unscharf) eine Bewegung des Blockspielers wahrgenommen werden, aber keine genaue Positionierung. Nur die Kombination beider Informationen ergibt eine genaue Aussage

• Rufen der beobachteten Positionen dient der Kontrolle der Wahrnehmung

• Die Zielhandlung erfolgt in die offen gelassene Schlagrichtung

Variationen

• Blocker verändert Position während der Annäherung nicht mehr (leichter)

• Blocker startet später/früher (leichter/schwerer)

• Variation der Flugkurve des Zuspiels (schwerer)

• Kleinere Zuspieldistanz (schwerer)

• Mit Täuschung des Blockers (schwerer)

• Mit sich zusätzlich positionierendem Mittelblocker (schwerer)

Schlagrichtung vorwegnehmen

… die Beobachtung des Armzugs in Relation zur Stellung der Schulter(achse) gibt Auskunft über den zu erwartenden Schlag. Hierbei gilt: der mögliche härteste Schlag (senkrecht zur Schulterachse) bestimmt die Wahl der Ausgangsposition für die Block- und Abwehrspieler, Schlagvarianten verlangen Anpassung.

Unspezifische Übung

Spieler A hat einen Ball, spielt ihn sich senkrecht hoch, dreht seine **Aufgabe** Frontalachse in eine neue Spielrichtung, während der Ball in der Luft ist und spielt dann den Ball senkrecht zur neuen Frontalachsenrichtung. Spieler B nimmt den Ball, nachdem er seine Position aufgrund der Beobachtung der Ausrichtung angepasst hat.

- Von kleinen Winkelveränderungen zu großen Winkelveränderungen **Hinweis**
- Die Winkelveränderung von Spieler A muss abgeschlossen sein, bevor der zweite Ballkontakt erfolgt
- Spieler B muss seine Position erreicht haben, bevor A den zweiten Ballkontakt hat

- Rufen der beobachteten Drehung dient der Kontrolle der Wahrnehmung

Variationen
- Mit gerolltem Ball, hochwerfen, kurz vor dem Boden fangen, in die neue Richtung rollen (leichter)
- Flachere Bälle (schwerer)
- Schlag anstatt oberes Zuspiel (schwerer)
- Abspiel im Sprung (schwerer)
- Nach Anwurf von Spieler C, ohne Zwischenspiel (schwerer)

Spezifische Übung

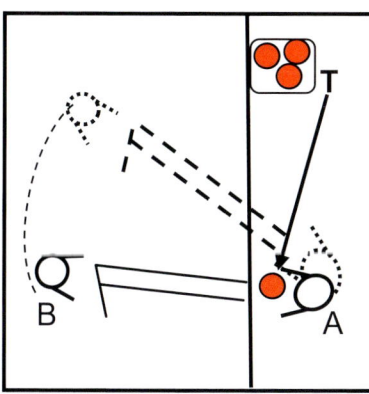

Aufgabe
Spieler A greift einen angeworfenen Ball an. B steht in der Verteidigung, positioniert sich senkrecht zur Schulterachse des Angreifers und verteidigt den Ball.

Hinweis
- Von kleinen Winkelveränderungen zu großen Winkelveränderungen
- Spieler B muss seine Position erreicht (von Start- zur Homeposition) haben, bevor A den Ballkontakt hat
- Rufen der beobachteten Richtung dient der Kontrolle der Wahrnehmung

Variationen
- Ball wird flach übers Netz gepritscht (leichter)
- Angriffe gegen die Anlaufrichtung erlaubt (schwerer)
- Zwei Angreifer (mit unterschiedlichen Anlaufrichtungen) bieten sich an (schwerer)
- Mit mehreren Verteidigern, Ziel ist es, in der Tiefe versetzt zu stehen (schwerer)
- Nach Zuspiel (schwerer)

Positionierungs-Bausteine

Ausgangsposition wählen

… ist Bestandteil jeder Spielsituation und betrifft jeden einzelnen Spieler. Auf Basis antizipierter und/oder beobachteter Diagnosemerkmale (z. B. Flugkurve, Spielerbewegung, …) findet der Spieler die Position, die eine optimale Folgehandlung unter Zeitdruck zulässt.

Unspezifische Übung

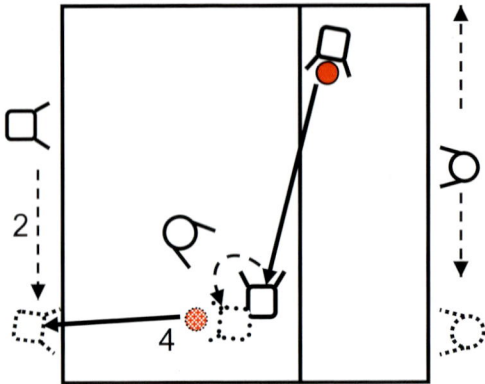

„Rollball" auf kleinem Feld, 2:2 Spieler. Der Ball muss mit dauerhaftem **Aufgabe** Kontakt zum Boden zu einer Grundlinie gerollt werden, wo ein dritter Spieler angespielt werden muss. Dieser hat die Aufgabe, ständig eine gute Ausgangsposition zu wählen, die einen Passweg möglich macht.

* Die Ausrichtung der Frontalachse seiner Mitspieler ist der antizipative **Hinweis** Hinweis für den Spieler hinter der Grundlinie den Ballweg zu öffnen
* Die Wahl der Feldgröße und der Spieleranzahl ist das entscheidende Kriterium für die angemessene Schwierigkeit der Aufgabe
* Der Ballkontakt muss kurz sein, Bälle werden nur senkrecht zur Frontalebene gerollt
* Beide Füße (und nur die Füße) dürfen und sollen Bodenkontakt haben
* Der Ball hat immer Bodenkontakt (kein Anheben, kein „Hoppeln")

* Mehr Spieler (schwerer) **Variationen**
* Mit einem schweren Ball als Schläger zur Erhöhung des Zeitdrucks (Ball mit Ball) (schwerer)

- Überzahl der angreifenden Mannschaft (leichter)
- Der Grundlinienspieler darf sich rund um das Feld bewegen (leichter)

Spezifische Übung

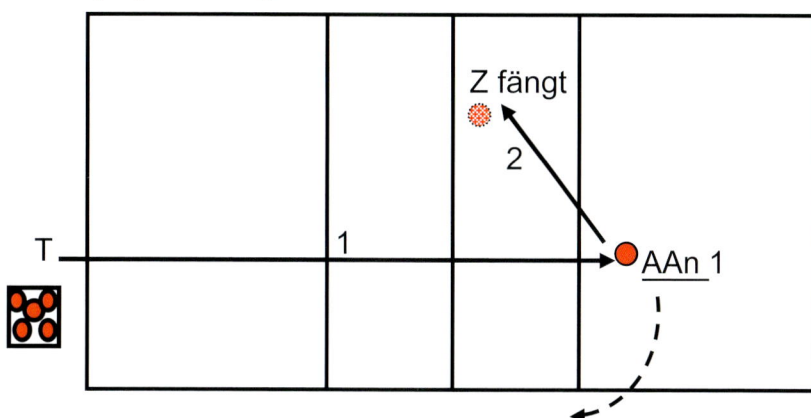

AAn 2 steht vor Ballhandkontakt von Z

Aufgabe

Spieler AAn in der Annahme, nimmt einen Ball an und bewegt sich von diesem Ort an seine Ausgangsposition für den Angriff. Der Zuspieler (Z) fängt den Ball. In diesem Moment muss A stehen bleiben und es erfolgt eine Kontrolle der Ausgangsposition.

Hinweis

- Durch die Aufgabe, im Moment des Fangens stehen zu bleiben, wird zudem die richtige Blicktechnik geschult
- Eine gute Ausgangsposition erlaubt es dem Angreifer immer, den Zuspieler, Ball und einen möglichst großen Teil des gegnerischen Feldes ganzheitlich wahrzunehmen
- Tempo bei der Laufbewegung ist einzufordern
- Die Position muss variabel eingeübt werden (je nach Situation, Individual- und Mannschaftstaktik in der Angriffsgestaltung)

Variationen

- Mehr Spieler (schwerer)
- Mehr oder weniger Aufschlagdruck (leichter/schwerer)
- Mit zusätzlicher Beobachtungsaufgabe bezüglich des gegnerischen Blockers (schwerer)
- Mit Erschwerung des Laufwegs (z. B. Annahme in Grundliniennähe) und des Zuspieltempos (schwerer)

Sich verfügbar machen

… heißt, sich in einer Situation so zu positionieren, dass eine weitere Teilnahme am Spielverlauf möglich ist (z. B. Körperfront zum Ball, der Winkel zwischen Ball, eigener Position und möglichem Spielpunkt des folgenden Ballkontakts muss möglichst klein gemacht werden).

Unspezifische Übung

Drei Spieler bewegen sich durch eine Volleyballspielfeldhälfte und **Aufgabe** passen sich drei Bälle zu. Auf ein Zeichen müssen alle Spieler den Ball, den sie gerade in der Hand halten, senkrecht hoch werfen und denjenigen fangen, den sie zu Beginn der Übung in der Hand hatten.

Hinweis

- Die Aufgabe gelingt, wenn der „eigene" Ball und zumindest der Partner, mit dem als nächstes getauscht wird, im Blick behalten wird (ganzheitlich). Hierfür ist eine stetige Neupositionierung gefordert
- Tempo bei der Laufbewegung und beim Passen ist einzufordern

Variationen

- Mehr Spieler (schwerer)
- Mehr oder weniger gleichartige Bälle (leichter/schwerer)
- Gleiche Spieleranzahl, aber mehrere Gruppen im selben Feld (schwerer)
- Mit Volleyballtechniken (schwerer)

Spezifische Übung

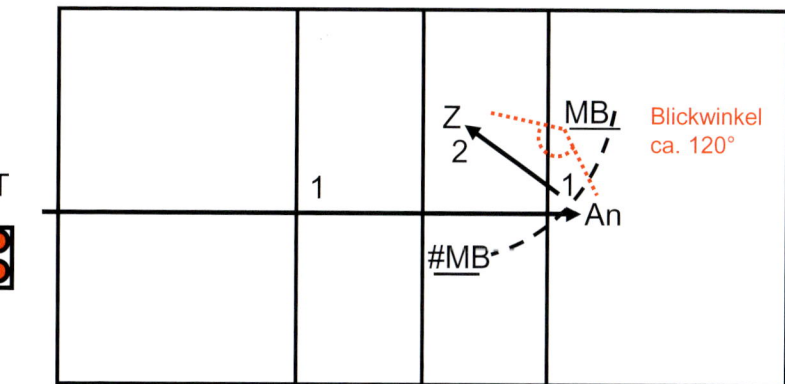

Aufgabe

Ein Angreifer bewegt sich in der Zeit, in der ein Aufschlag zum Annahmespieler fliegt. Im Moment der Annahme muss er ansagen, ob der Zuspieler die Arme angehoben hat oder nicht.

Hinweis

- Die Aufgabe gelingt, wenn der Angreifer seine Position und Ausrichtung der Frontalachse so wählt, dass der Annahmeort und der Zuspieler in einem Blickfeld sind
- Zunächst mit einem zeitverzögerten (angeworfenen) Ball, die Annahme wird gefangen
- Je größer der Winkel zwischen eigener Startposition und Annahmeort ist, desto leichter ist die Aufgabe zunächst (z. B. Startposition 4, Annahmeort 1)

Variationen

- Zeitdruck erhöhen (Aufschlag) (schwerer)
- Winkel verkleinern (schwerer)
- Schwierigere Spielsituationen (Pass aus dem Hinterfeld) (schwerer)
- Mit Läufer (schwerer)
- Mehr Mitspieler (schwerer)

Bewegungswinkel zum Ball anpassen

… beim Volleyball kann der ballbeschleunigende Körperteil nicht unabhängig vom restlichen Körper bewegt werden (wie z. B. beim Tennis), eine willentliche Regulation während des Ballkontakts ist ebenfalls nicht möglich (Regelwerk). Deswegen muss die Körperposition so gewählt werden, dass für bestimmte Ballflugrichtungen die Bewegungsausführung erleichtert wird.

Unspezifische Übung

Zwei Spieler rollen jeweils einen Ball (senkrecht zur Frontalebene). Es **Aufgabe** wird jeweils der Ball des Partners erlaufen und sich so positioniert, dass die Frontalebene in eine neue Richtung zeigt. Mit dem neuen Rollimpuls wird der Ball in die neu ausgerichtete Richtung gerollt.

Hinweis
- Die Frontalachse zeigt in die Rollrichtung!
- Die Aufgabenschwierigkeit wird über die Rollgeschwindigkeit mit gesteuert
- Zunächst kleine Winkelveränderungen, später auch größere Winkelveränderungen zulassen

Variationen
- Mehr Spieler (schwerer)
- Mit jeweils noch einem Schlägerball (schwerer)
- Gleiche Spieleranzahl, aber mehrere Gruppen im selben Feld (schwerer)
- Mit Volleyballtechniken (schwerer)

Spezifische Übung

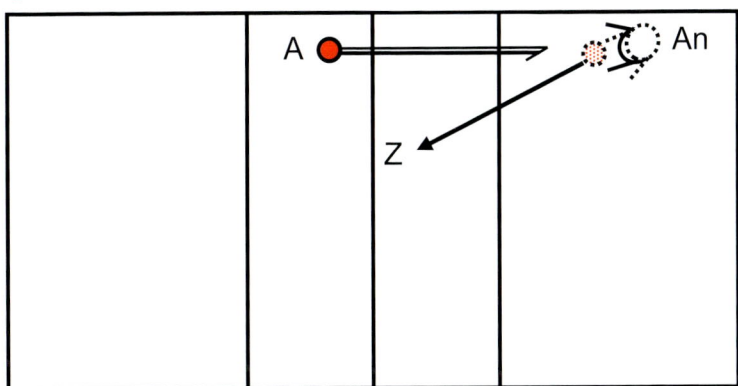

Aufgabe
Ein Spieler wehrt einen Ball (longline) ab mit der Maßgabe, ihn Richtung Feldmitte zu spielen.

Hinweis
- Die Frontalachse zeigt in Richtung Feldmitte
- Die Position muss vor dem Ballkontakt eingenommen werden
- Die Schwierigkeit ergibt sich aus der Frontalachsenausrichtung entgegen der Kopfrichtung

Variationen
- Schlaghärte variieren (leichter/schwerer)
- Von kleinen Winkelveränderungen zu großen Winkelveränderungen (leichter/schwerer)
- Nach vorangegangenen Laufwegen (schwerer)
- Mit erschwerter Sicht durch Blockspieler der eigenen Mannschaft (schwerer)
- Nach verschleierten Diagnosemerkmalen durch den Angreifer (schwerer)
- Mit erhöhtem Zeitdruck durch das gegnerische Zuspieltempo (schwerer)

Timing-Bausteine

Bewegungstempo zum Ball anpassen

… durch den Volley-Kontakt bestimmen Flugkurve und -geschwindigkeit des anfliegenden Balles das Zeitfenster für eigene Bewegung (Unterschied: Angriff: in der Zeit, Abwehr: so früh wie möglich).

Unspezifische Übung

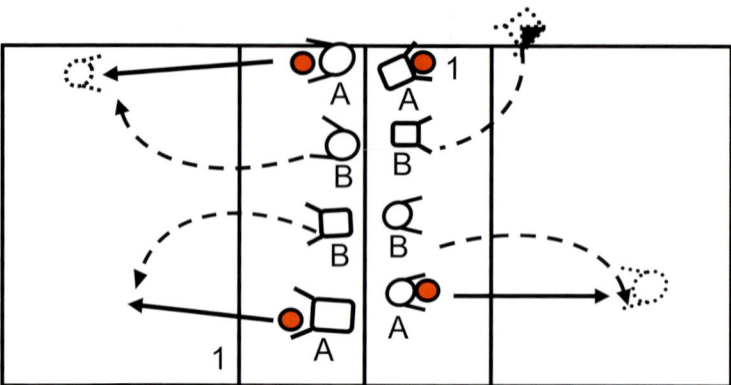

Zwei Spieler, ein Ball. A wirft den Ball, B erläuft den Ball und lässt ihn nach einmaligem Aufticken mit der Frontalachse zu A auf einen Fuß (der Fuß ist am Boden) ticken. **Aufgabe**

- Die Frontalachse von B zeigt in Richtung A **Hinweis**
- Die Flugkurve des Anwurfs wird systematisch variiert in Höhe und/oder Weite

- Ballkontakt mit anderen Körperteilen (leichter/schwerer) **Variationen**
- Von kleinen Winkelveränderungen zu großen Winkelveränderungen (leichter/schwerer)
- Den Ball direkt fangen (schwerer)
- Von anderen Startpositionen (leichter/schwerer)
- Mit Volleyballtechniken (schwerer)

Spezifische Übung

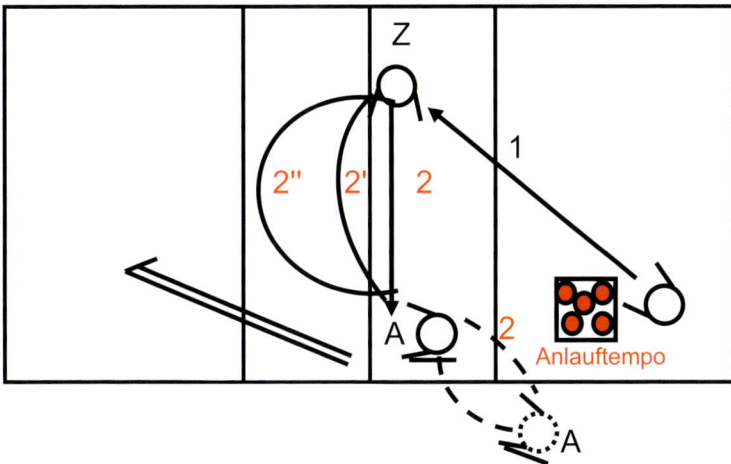

Aufgabe

Ein Zuspieler spielt Pässe an den gleichen Ort, aber mit unterschiedlichen hohen Flugkurven und Geschwindigkeiten. Die Angreifer haben die Aufgabe, ihr Tempo der Annäherung dem Zuspiel anzupassen.

Hinweis

• Durch eine Anlaufrichtung schräg auf den Zuspieler zu erhöht sich das Zeitfenster zum Schlag (einfacher)

Variationen

• Anlauf nach vorherigem Laufweg (schwerer)
• Auch schlechte Annahmesituationen simulieren (schwerer)
• Auch den Angriffsort geringfügig variieren (schwerer)
• Von anderen Startpositionen (leichter/schwerer)

Laufweg zum Ball anpassen

… meint sich für jeweils eine Lauftechnik, Geschwindigkeit und Lauf-richtung dem antizipierten Spielpunkt des Balles entsprechend zu ent-scheiden.

Unspezifische Übung

„Schutzmannübung" – der Trainer gibt verschiedene Signale, die mit **Aufgabe** verschiedenen Lauftechniken und -richtungen verbunden sind. Die Spieler haben eine schnellstmögliche Ortsveränderung mit der vorge-gebenen Technik zu absolvieren.

- Immer zum Ausgangspunkt zurück   **Hinweis**
- Die Laufstrecken sollen nicht zu lang gewählt werden (spielnah)
- Maximale Geschwindigkeit ist (entsprechend der Beherrschung der Lauftechniken) einzufordern

- Keine Handsignale, sondern Ballwürfe (schwerer)   **Variationen**
- Kombination mit anderen Bewegungen (schwerer)

Spezifische Übung

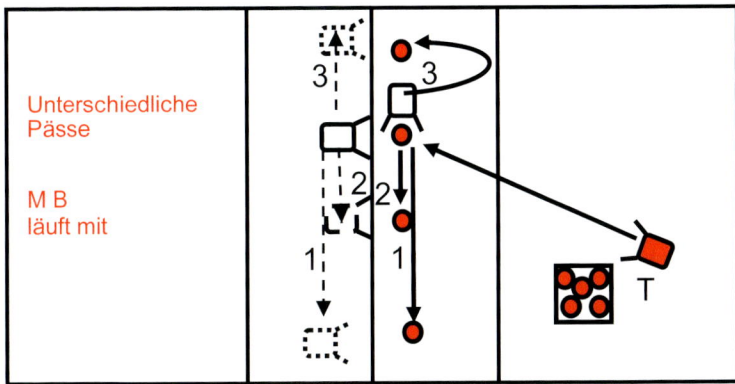

Unterschiedliche Pässe

M B
läuft mit

Aufgabe

Ein Zuspieler spielt Pässe in unterschiedlichen Längen. Der gegnerische Mittelblocker hat die Aufgabe, die Lauftechnik und Anzahl der Schritte situativ anzupassen.

Hinweis

• Zunächst mit hohen Ballflugkurven (Zeitdehnung)

Variationen

• Variation des Zuspieltempos (schwerer)
• Variation der Ausgangsposition (schwerer)
• Nach vorangegangener Sprunghandlung (schwerer)

In der Luft sein

… bedeutet den Sprung zeitlich so zu steuern, dass der Ballkontakt im höchstmöglichen Spielpunkt erfolgt. Dies kann unter Ausschluss oder mit Einbeziehung von Fliehkräften geschehen.

Unspezifische Übung

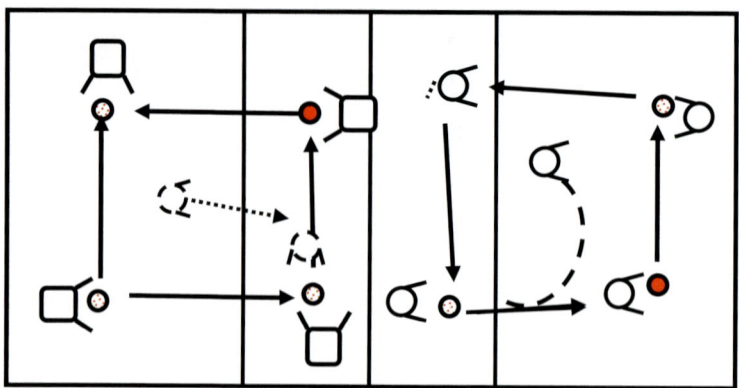

Vier Spieler (im Viereck) pritschen sich einen Ball zu, ein Spieler ist in der Mitte. Nach x Ballkontakten gibt der Spieler, der gerade Ballkontakt hat, ein Kommando („jetzt"). Die Aufgabe des Spielers in der Mitte ist es nun, den darauffolgenden Ball nach dem Ballkontakt in der aufsteigenden Phase in der Luft abzufangen. **Aufgabe**

- Anders als beim „Schweinchen in der Mitte" sind die Außenspieler hier als Dienstleister zu sehen **Hinweis**
- Es kann leicht ein zusätzlicher Fokus auf die Antizipation der Spielrichtung gelegt werden, indem sich die Außenspieler jeweils mit der Frontalachse (gleich Körperachse) in die Spielrichtung orientieren
- Die Wahl der richtigen Distanz ist je nach Niveau entscheidend

- Früher/später rufen (leichter/schwerer) **Variationen**
- Die Außenspieler spielen im Sprung (schwerer)
- Spezifische Sprungtechniken einfordern (schwerer)
- Mit anderen Volleyballtechniken (schwerer)

Spezifische Übung

Aufgabe Spieler A steht in der Annahme, erhält einen Danke-Ball angespielt und baggert diesen zum Zuspieler, der am Netz steht. Ein Schnell-angreifer führt seine Annäherung und seinen Angriffssprung in der Zeit durch. Der Zuspieler fängt den Ball. Es erfolgt die Kontrolle des Timings des Schnellangreifers.

Hinweis • (Abhängig vom Spielniveau) soll der Schnellangreifer im Moment des Ball-Hand-Kontakt des Zuspielers in der aufsteigenden Phase seines Sprungs oder schon am höchsten Punkt sein
• Die Anlaufwinkel für den Schnellangreifer sind spielnah zu variie-ren, die Annahmeorte ebenfalls

Variationen • Variation des Annahmetempos (schwerer)
• Variation des Zuspielortes (schwerer)
• Zusatzbewegungen des Schnellangreifers, z. B. lösen vom Netz (schwerer)
• Situative Auswahl des richtigen Schnellangriffs in Abhängigkeit von einem gegnerischen Blockspieler (z. B. Aufsteiger oder 2-m-Schuss) (schwerer)

Präzisions-Bausteine

Anwurfhöhe steuern/Anwurfpräzision steuern

… betrifft nur die Sondersituation Aufschlag. Der Anwurf wird bestimmt durch die Technik, Reichhöhe, Spielpunkt des Balles, gewünschte Schlagrichtung und Beschleunigung, damit eine optimale Impulsübertragung stattfinden kann.

Unspezifische Übung

Aufgabe — Jeder Spieler hat einen Ball. Die Bälle müssen mit der Nichtschlaghand von unten senkrecht zielgenau auf verschiedene Höhen angeworfen werden, die Bälle sollen in einem Zielfeld auf dem Boden aufkommen.

Hinweis

- Die Höhe wird durch Markierungen vorgegeben (oder Partner auf Kasten)
- Das Zielfeld am Boden liegt in Armeslänge vor der Schlagschulter (Markierung, Linienkreuz)
- Für die Vorbereitung eines Sprungaufschlags gelten entsprechend andere Vorgaben
- Der Anwurf soll mit nahezu gestrecktem Arm, Hand unterm Ball und mit zentrischem Körperschwerpunkt über den Füßen erfolgen
- Beim Anwurf sind Schritte zu vermeiden, um Fliehkräfte auszuschließen

Variationen

- Unterschiedliche Höhenvorgaben (schwerer)
- Unterschiedliche Distanzvorgaben zum Körper (schwerer)
- Mit/ohne Rotation (schwerer)
- Unter Feststellung einzelner Gelenke (z. B. nur aus den Beinen) (schwerer)

Spezifische Übung

Aufgabe

Aufschläge auf unterschiedliche Ziele, mit unterschiedlichen Ballflugkurven und Entfernungen.

Hinweis

- Die Ziele und Ballflugkurven werden durch Markierungen vorgegeben
- Nur mit präzisem Anwurf ist der Aufschlag steuerbar
- Beim (Stand)aufschlag sind Schritte zu vermeiden, um Fliehkräfte auszuschließen

Variationen

- Kleinere/Größere Ziele (schwerer/leichter)
- Mehrere Aufschläge gleicher Qualität (schwerer)
- Nach körperlicher Aktivität (schwerer)

Krafteinsatz steuern

… bestimmt alle ballgebundenen Spielsituationen bis auf den Block mit. Hiermit ist die Regulation der Stärke der ballbeschleunigenden oder ballbremsenden Muskulatur gemeint, also die Impulsübertragung von Kraft auf den Ball. Da durch das Regelwerk des Volleyballspiels keine willentliche Regulation des Krafteinsatzes während des Ballkontakts mehr möglich ist, muss die Kraftregulation aufgrund von Beobachtung und Erfahrungsantizipation schon vor dem Ballkontakt eingeleitet worden sein.

Unspezifische Übung

Zwei Spieler stehen sich gegenüber. Ein Spieler hat zwei verschiedene **Aufgabe** Bälle (z. B. Volleyball und Basketball) in der Hand, der andere einen dritten, noch anderen (z. B. Tennisball). Die Bälle werden werfend getauscht.

- Die Anforderung, verschieden schwere Bälle gleich weit zu werfen, **Hinweis** erfordert differenzierten Krafteinsatz in zunächst zeitverlangsamten (und damit steuerbaren) Situationen
- Zunächst einen kleinen Abstand zwischen den Spielern wählen
- Den Wurfzeitpunkt durch ein akustisches Signal unterstützen hilft

Variationen
- Variation des Abstandes (schwerer)
- Variation der Wurftechniken (leichter/schwerer)
- Mit einem dritten Partner in ungleicher Entfernung im Dreieck bei wechselnder Wurfreihenfolge (schwerer)
- Mit Volleyballtechniken (schwerer)

Spezifische Übung

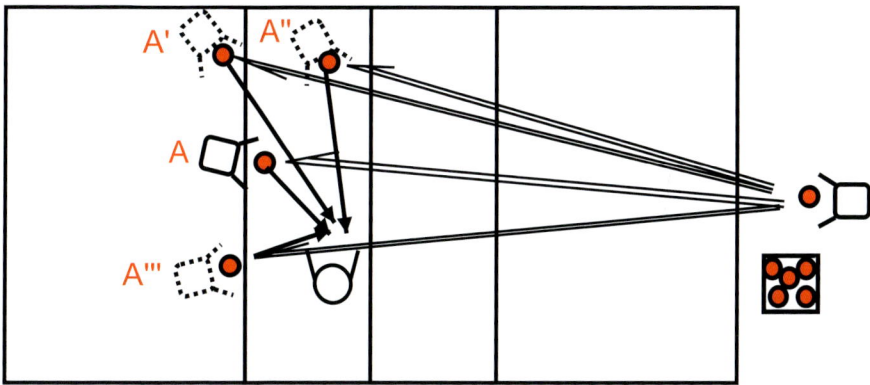

Aufgabe

Spieler A steht in der Annahme und erhält Bälle mit verschiedenen Tempi angespielt. Die Annahme soll trotzdem präzise zum Zuspielort erfolgen und eine halbhohe, langsame und gleiche Flugkurve haben (abhängig von der gewünschten Mannschaftstaktik)

Hinweis

- Das Tempo der anfliegenden Bälle muss unsystematisch variiert werden
- Es gilt, die gewünschte Flugkurve präzise zu definieren

Variationen

- Variation des Abstandes (schwerer)
- Variation des Winkels (bei Transfer der Übung in die Abwehrsituation) (leichter/schwerer)
- Mit verschiedenen Bällen und/oder verschieden aufgepumpten Bällen
- Mit vorangegangener Laufbewegung (schwerer)

Anpassungs-Bausteine

Körperschwerpunkt ausbalancieren

… ist eine elementare Anforderung in allen Spielsituationen. Der Körperschwerpunkt muss sowohl bei allen Aktionen mit Bodenkontakt als auch in der Luft nach vorausgegangenem Laufweg so über der Unterstützungsfläche zentriert werden, dass keine Fliehkräfte die Körperbeweglichkeit behindern oder Ballflugkurven ungewollt beeinflussen. In manchen Spielsituationen kann es aber auch sinnvoll sein, den Körperschwerpunkt in einen exzentrischen, labilen Gleichgewichtszustand zu bringen, um eine schnellere Folgebewegung zu ermöglichen oder Fliehkräfte bewusst auf den Ball zu übertragen (z. B. Auftakt-Hop für nachfolgende Vorwärtsbewegung in Abwehr)

Unspezifische Übung

Aufgabe
Alle Spieler bewegen sich in einer Volleyballfeldhälfte mit spezifischen Tempo, Laufrichtungs- und Lauftechnikwechseln. Der Trainer steht mit Ball in der anderen Spielfeldhälfte. Wenn der Ball hochgeworfen wird, müssen die Spieler so schnell wie möglich eine spielbereite Position finden und diese halten, bis der Ball wieder gefangen wird.

Hinweis
- Spielbereite Position: z. B. Mittlere Gelenkwinkel, ein tief- und leicht vorverlagerter Körperschwerpunkt, Gewicht gleichmäßig auf beiden Fußballen, Frontalachsenorientierung in die eigene Feldmitte
- Durch die Positionierung des Trainers wird die notwendige Orientierung zum Gegner gefordert, durch das Startsignal des Werfens ein spezifisches, weil optisches Signal.
- Die Wurfhöhe (= Anhaltedauer) ist zu variieren
- Es sind (je nach Niveau) positionsspezifische Laufwege einzufordern
- Der Trainer steuert durch den Anwurf die Intervalllänge

Variationen
- Nach dem Fangen ein schneller Richtungswechsel (schwerer)
- Nach dem Fangen ein schneller Richtungswechsel mit Richtungs-vorgabe und/oder Bewegungsvorgabe des Trainers (z. B. rechts) (schwerer)
- Wie vorher, mit Passen eines zusätzlichen Balls in der Feldhälfte (schwerer)
- Wie vorher, mit spezifischen Laufbewegungen je nach Bewegung des Trainers (z. B. Angriff über die 4) (schwerer)

Spezifische Übung

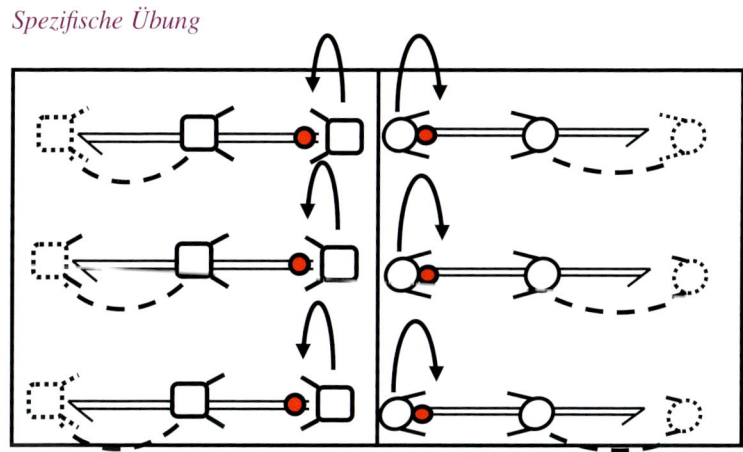

Aufgabe
Ein Spieler auf seiner Home-Position für die Abwehr. Ein zweiter Spieler mit Ball an einer Netzposition. Anwurf des Balles, Laufweg des Spielers auf seine Spielposition gegen Positionsangriff, Abwehr-bereit stehen in dem Moment, in dem der angeworfene Ball gefangen wird.

Hinweis
- Abwehrbereite Position: Mittlere Gelenkwinkel, ein tief- und leicht vorverlagerter Körperschwerpunkt, Gewicht gleichmäßig auf beiden Fußballen, Frontalachsenorientierung in die eigene Feldmitte
- Verschieden hoch anwerfen (keine Gewohnheiten zulassen)
- Es sind (je nach Niveau) positionsspezifische Laufwege einzufordern

Variationen
- Der Ball wird geschlagen, Abwehr (schwerer)
- Der Ball wird geschlagen oder gelegt, Abwehr (schwerer)
- Wie vorher, mit zwei Abwehrspielern (Gruppentaktik + Kommuni-kation) (schwerer)
- Wie vorher, mit Folgehandlung (z. B. Gegenangriff) (schwerer)

Zuspielrichtung anpassen

… heißt, die Winkel der Ballflugkurve mit dem Ballkontakt zu ändern. Hierbei gilt generell, dass größere Winkelveränderungen aufgrund der schlechteren Körperpositionierung zum anfliegenden Ball schwieriger sind als kleinere Winkelveränderungen.

Unspezifische Übung

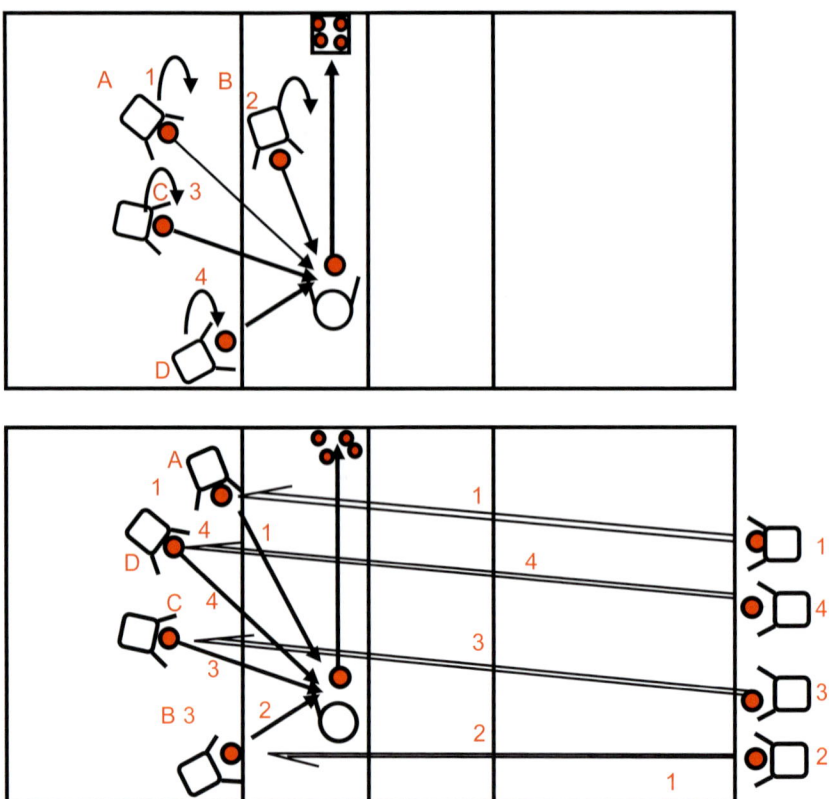

Ein Spieler bekommt Bälle aus unterschiedlichen Richtungen ange- **Aufgabe** worfen und hat die Aufgabe, alle Bälle auf das gleiche Ziel in der gleichen Qualität zu spielen (Ball mit Ball oder Volleyballtechnik).

- Die Ausrichtung in die Spielrichtung muss vor dem Ballkontakt **Hinweis** erfolgen
- Kleinere Winkelveränderungen sind einfacher als größere
- Es sind (je nach Niveau) zusätzliche Laufwege einzufordern

Variationen
- Unterschiedliche Ausgangssituationen (z. B. Läufer auf 1) (schwerer)
- Der Ball wird in anderen Flugkurven und -tempi angespielt (schwerer)
- Netzferne Zuspielpositionen (erschweren Orientierung) (schwerer)

Spezifische Übung

Aufgabe
Ein Zuspieler erhält Annahmen aus unterschiedlichen Richtungen und hat Aufgabe, alle Bälle auf das gleiche Ziel in der gleichen Qualität zuzuspielen.

Hinweis
- Die Ausrichtung in die Spielrichtung muss vor dem Ballkontakt erfolgen
- Kleinere Winkelveränderungen sind einfacher als größere
- Es sind (je nach Niveau) zusätzliche Laufwege einzufordern

Variationen
- Unterschiedliche Ausgangsituationen (z. B. Läufer auf 1) (schwerer)
- Der Ball wird in anderen Flugkurven und -tempi angespielt (schwerer)
- Netzferne Zuspielpositionen (erschweren Orientierung) (schwerer)

Absprungwinkel anpassen

… beschreibt die Aufgabe des springenden Spielers, seinen Sprung sowohl in Distanz in Anlaufrichtung zu variieren, als auch den Winkel in seitlicher Richtung im Absprung abzuwandeln.

Unspezifische Übung

Aufgabe Zwei Spieler gegenüber springen gleichzeitig in die Luft und haben die Aufgabe, sich mit den Händen oberhalb des Kopfes (Blockhaltung) in der Luft aus dem Gleichgewicht zu bringen und dabei das eigene Gleichgewicht zu halten. Die Distanz zwischen den beiden Spielern wird im Absprung variiert.

Hinweis
- Durch die Aufgabe sind immer Sprünge mit exzentrischen Körperschwerpunktslagen gefordert
- Erforderlich ist zudem Körperspannung zur Kompensation des Drucks vom Partner
- Die Landung muss wieder zentrisch erfolgen (Gewicht auf beiden Fußballen gleich verteilt)

Variationen
- Mit Absprung nach Anlauf (schwerer)
- Nach Seitwärtsbewegung (schwerer)
- Kontakt mit dem Brustkorb (schwerer)

Spezifische Übung

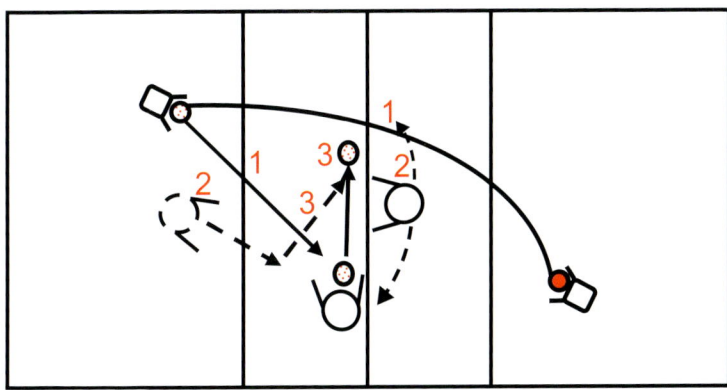

Aufgabe

Ein Schnellangreifer greift einen Aufsteiger an und hat die Aufgabe, seinen Absprung entweder gleichmäßig senkrecht oder durch Verlagerung auf eine Körperseite seitwärts gerichtet zu gestalten. Die Entscheidung ist abhängig von der Positionierung des gegnerischen Mittelblockers.

Hinweis
- Die Positionierung des gegnerischen Blockspielers sollte zunächst früh, aber erst nach Beginn des Anlaufs des Schnellangreifers erfolgen
- Rufen des Schnellangreifers dient der Kontrolle der Wahrnehmung

Variationen
- Unterschiedliche Startpositionen (schwerer)
- Der Blocker verändert seine Position später (schwerer)
- Der Zuspieler verändert seine Position während der Annäherung des Angreifers (schwerer)

Schlagwinkel anpassen/steuern

… hier geht es darum, vorwiegend durch Modulation des Handgelenks den geschlagenen Ball in Tiefe und Breite des Feldes zu platzieren oder den Block anzuschlagen. Der Baustein ist sowohl im Angriff als auch im Aufschlag relevant.

Unspezifische Übung

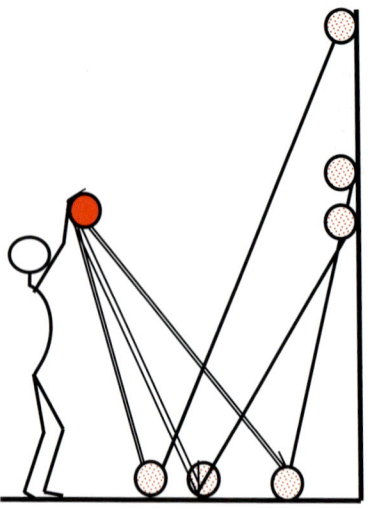

Ein Spieler hat die Aufgabe, von einem Standort aus einen Ball zielgenau auf verschieden weit entfernte Bodenmarkierungen zu schlagen, so dass dieser dann von der Wand zurück prallt und direkt wieder geschlagen werden kann. **Aufgabe**

- Auf einen gestreckten Arm im Moment des Ballkontakts ist zu achten. Gegebenenfalls muss der Ball über eine Schnur hinweg geschlagen werden. **Hinweis**
- Die Winkelveränderungen sollen nur durch den Einsatz des Handgelenks erfolgen

- Im Sprung (schwerer) **Variationen**
- Mit seitlich angeworfenen/zugespielten Bällen (schwerer)
- Immer auf dieselbe Bodenmarkierung, aber der Spieler in unterschiedlichen Distanzen (schwerer)

Spezifische Übung

Aufgabe   Ein Spieler hat die Aufgabe, einen Ball in eine vorgegebene Richtung und eine vorgegebene Netzentfernung anzugreifen.

Hinweis
- Die Winkelveränderungen sollen nur durch den Einsatz des Handgelenks erfolgen

Variationen
- Schlagwinkel ist abhängig von der Beobachtung eines Verteidigers/Blockers (schwerer)
- Systematische Erhöhung der Komplexität durch Einbindung mehrerer Verteidiger (schwerer)
- Aus unterschiedlichen Anlaufwinkeln und verschiedenen Armschwungvarianten (schwerer)

Zuspieltempo anpassen

… meint die Fähigkeit des ballbesitzenden Spielers, das Tempo des anfliegenden Balls in eine gewünschtes Tempo zu modulieren. Besonders häufig kommt dies beim zweiten Ballkontakt (Zuspiel) vor, kann aber zum Beispiel auch beim Spielen eines Danke-Balls von Bedeutung sein, um das Spiel schneller zu machen.

Unspezifische Übung

Ein Spieler hat die Aufgabe, einen Ball nach eigenem Anwurf so zu **Aufgabe** seinem Partner zu pritschen, dass dieser ihn nach Stemmschritt in der Luft fangen kann. Der Partner variiert systematisch seine Entfernung und sein Tempo zum Partner.

- Der Ball soll immer im höchsten Punkt gefangen werden   **Hinweis**
- Zusätzlich sollte der Winkel des anlaufenden Spielers variiert werden (von klein nach groß)
- Die Flugkurven müssen den Ausgleich zu den unterschiedlichen Tempi schaffen

Variationen
- Angreifer variieren zusätzlich ihren Angriffsort (schwerer)
- Dieselbe Aufgabe, der Anwurf erfolgt mit Richtung (schwerer)
- Dieselbe Ausgabe mit mehreren Angreifern, der schnellere wird angespielt (oder der langsamere, mit Ansage) (schwerer)

Spezifische Übung

Aufgabe
Der Zuspieler hat die Aufgabe, einen Ball in Abhängigkeit von einem anlaufenden Angreifer im optimalen Tempo zuzuspielen. Die Angreifer variieren systematisch ihr Anlauftempo.

Hinweis
- Der Zuspieler beobachtet die Startposition und den Bewegungsbeginn und -frequenz des Angreifers (ganzheitlich-unscharf)
- Die Körperposition des Zuspieler muss so gewählt sein, dass der Winkel zwischen anfliegendem Ball und anlaufendem Angreifer möglichst klein ist
- Die ballbeschleunigenden Körperteile müssen entsprechend gebeugt sein, um eine schnelle Modulation zu ermöglichen (je höher das Niveau, desto weniger relevant)

Variationen
- Angreifer variieren zusätzlich ihren Angriffsort (schwerer)
- Dieselbe Aufgabe aus unterschiedlichen Annahmequalitäten (schwerer)
- Dieselbe Ausgabe mit mehreren Angreifern (schwerer)

Das Volleyballtechnik-gebäude-Training: von Bausteinen zu Situationen des Spiels

Aufschlagsituationen (SK A/B)

Annahmesituationen (SK C)

Zuspielsituationen – gute Annahme (SK D)

Zuspielsituationen – schlechte Annahme (SK E)

Schnellangriffe (SK F)

Kombinationsangriffe (SK G)

Positions-/Rückraumangriffe (SK H)

Blocken gegen Schnellangriffe (SK I/J)

Blocken gegen Kombinationsangriffe (SK K)

Blocken gegen Positionsangriffe (SK L/M)

Feldabwehr gegen harte Angriffe (SK N)

Feldabwehr gegen „langsame" Bälle (SK O)

Sicherung (SK, P)

Kapitel

4

Hier wird der Bezug von Spielsituationen zu Kombinationen von Technik-Bausteinen hergestellt. Die Einteilung der Spielsituationen stellt alle im Spiel vorkommenden Situationen im Volleyball vor. Die Auswahl und Reihung der Situationen entspricht dem chronologischen Spielverlauf und stellt keinen Vorschlag für die Reihung des Lernprozesses dar.

Tab. 2

Situations-klassen-gruppe	Situations-klasse (Abk.)	Situationsklasse (Erläuterung)
A	1	Aufschlag als Sprungaufschlag mit Side-/Topspin
	2	Aufschlag als Sprungaufschlag mit Flattereffekt
	3	Aufschlag als Sprungaufschlag aus dem Handgelenk
B	4	Aufschlag als Flatteraufschlag mit langer Flugzeit
	5	Aufschlag als taktischer Aufschlag mit kurzer Flugzeit
C	6	Annahme von Sprungaufschlägen vor dem Körper
	7	Annahme von Sprungaufschlägen neben dem Körper
	8	Annahme von Flatteraufschlägen vor dem Körper
	9	Annahme von Flatteraufschlägen neben dem Körper
	10	Annahme von taktischen Aufschlägen vor dem Körper
	11	Annahme von taktischen Aufschlägen neben dem Körper
D	12	Zuspiel im Sprung bei gutem ersten Pass aus der Annahme- oder „Dankeball"-Situation
	13	Zuspiel im Stand oder Sprung nach Erlaufen bei ungenauem ersten Pass aus der Annahme- oder „Dankeball"-Situation

Situations-klassen-gruppe	Situations-klasse (Abk.)	Situationsklasse (Erläuterung)
D	14	Zuspiel im Sprung bei gutem ersten Pass nach Block
	15	Zuspiel im Stand oder Sprung nach Erlaufen bei ungenauem ersten Pass nach Block
	16	Zuspiel im Sprung bei gutem ersten Pass nach Feldabwehr
	17	Zuspiel im Stand oder Sprung nach Erlaufen bei ungenauem ersten Pass nach Feldabwehr
E	18	Zuspiel im Stand oder Fallen nach Erlaufen bei schlechtem ersten Pass aus der Annahme- oder „Dankeball"-Situation
	19	Zuspiel im Stand oder Fallen nach Erlaufen bei schlechtem ersten Pass nach Block
	20	Zuspiel im Stand oder Fallen nach Erlaufen bei schlechtem ersten Pass nach Feldabwehr
F	21	Angriff als Schnellangriff nach Befreiung von Annahmefunktionen
	22	Angriff als Schnellangriff nach Block
	23	Angriff als Schnellangriff nach „Dankeball"
G	24	Angriff als Kombinationsangriff nach Befreiung von Annahmefunktionen
	25	Angriff als Kombinationsangriff nach Annahme
	26	Angriff als Kombinationsangriff nach Block
	27	Angriff als Kombinationsangriff nach Feldabwehr
	28	Angriff als Kombinationsangriff nach „Dankeball"
H	29	Angriff als Außenangriff nach Annahme
	30	Angriff als Außenangriff nach Block
	31	Angriff als Außenangriff nach Feldabwehr
	32	Angriff als Außenangriff nach „Dankeball"
	33	Angriff als Hinterfeldangriff nach Befreiung von Annahmefunktionen

Situations-klassen-gruppe	Situations-klasse (Abk.)	Situationsklasse (Erläuterung)
H	34	Angriff als Hinterfeldangriff nach Annahme
	35	Angriff als Hinterfeldangriff nach Feldabwehr
	36	Angriff als Hinterfeldangriff nach „Dankeball"
I	37	Blockieren von Schnellangriffen nach gutem ersten Pass durch Mitspringen
J	38	Blockieren von Schnellangriffen nach gutem ersten Pass durch Nachspringen
	39	Blockieren von Schnellangriffen nach ungenauem ersten Pass
K	40	Blockieren von Kombinationsangriffen nach gutem ersten Pass
	41	Blockieren von Kombinationsangriffen nach ungenauem ersten Pass
L	42	Blockieren von Außenangriffen als Mittelblock-spieler nach gutem ersten Pass
	43	Blockieren von Außenangriffen als Mittelblock-spieler nach ungenauem ersten Pass
	44	Blockieren von Außenangriffen als Mittelblock-spieler nach schlechtem ersten Pass
M	45	Blockieren von Außenangriffen als Außenblockspieler
	46	Blockieren von Hinterfeldangriffen als Mittel-blockspieler nach gutem ersten Pass
	47	Blockieren von Hinterfeldangriffen als Mittel-blockspieler nach ungenauem ersten Pass
	48	Blockieren von Hinterfeldangriffen als Mittel-blockspieler nach schlechtem ersten Pass
	49	Blockieren von Hinterfeldangriffen als Außenblockspieler
N	50	Feldabwehr von auf den Körper oberhalb der Gürtellinie geschlagenen Bällen
	51	Feldabwehr von auf den Körper unterhalb der Gürtellinie geschlagenen Bällen

Situations-klassen-gruppe	Situations-klasse (Abk.)	Situationsklasse (Erläuterung)
N	52	Feldabwehr von neben den Körper geschlagenen Bällen
	53	Feldabwehr von vor den Körper geschlagenen Bällen
O	54	Feldabwehr von Blockabprallern des gegnerischen Angriffs durch Erlaufen
	55	Feldabwehr von Blockabprallern des gegnerischen Angriffs durch Erhechten
	56	Feldabwehr von über oder neben den Block gelegten Bällen durch Erlaufen
	57	Feldabwehr von über oder neben den Block gelegten Bällen durch Erhechten
P	58	Sicherung als Nahsicherung bei Befreiung von Angriffsfunktionen
	59	Sicherung als Nahsicherung nach Zuspiel
	60	Sicherung als Fernsicherung bei Befreiung von Angriffsfunktionen
	61	Sicherung als Fernsicherung nach Zuspiel

Jede Spielsituation haben wir durch die jeweils relevanten Bausteine zunächst graphisch dargestellt. Die Technikbausteine werden, wie in der Spielsituation vorkommend, in der zeitlichen Reihenfolge des Verlaufs geordnet. Gleichzeitig vorkommende Bausteine werden nebeneinander dargestellt. Mit der Zunahme der simultan vorkommenden Bausteine wird die Situation generell komplexer. Die hellen Bausteine werden mit exemplarischen Übungsvorschlägen unterlegt, die sich auf typische Schwierigkeiten der jeweiligen Situation beziehen.

Aufschlagsituationen (SK A/B)

Die Aufschlagsituation ist die einzige Spielsituation, in der der Spieler ohne Zeitdruck agieren kann. Trotzdem sind Spieler oft nicht in der Lage, diesen Vorteil zu nutzen.

Die Schwierigkeiten der Situation liegen vorwiegend in den Präzisions-anforderungen an den Aufschläger. Aber auch die psychische Belas-tung. Hier ist der Spieler deutlich sichtbar allein für die Situation ver-antwortlich, Misserfolge werden häufig negativ kommentiert. Hinzu kommt, dass oft taktische Vorgaben die individuellen Stärken ein-schränken. Außerdem kann ein Fehler nicht unmittelbar danach wieder gutgemacht werden, sondern erst eine komplette Rotation später.

Beim Sprungaufschlag muss der Spieler in der Lage sein, Anwurf und Anlaufgestaltung voneinander zu „entkoppeln" („Werfen – gucken – anlaufen").

Nach dem Aufschlag muss die Ausgangsposition für die Verteidigung eingenommen werden.

Standaufschläge

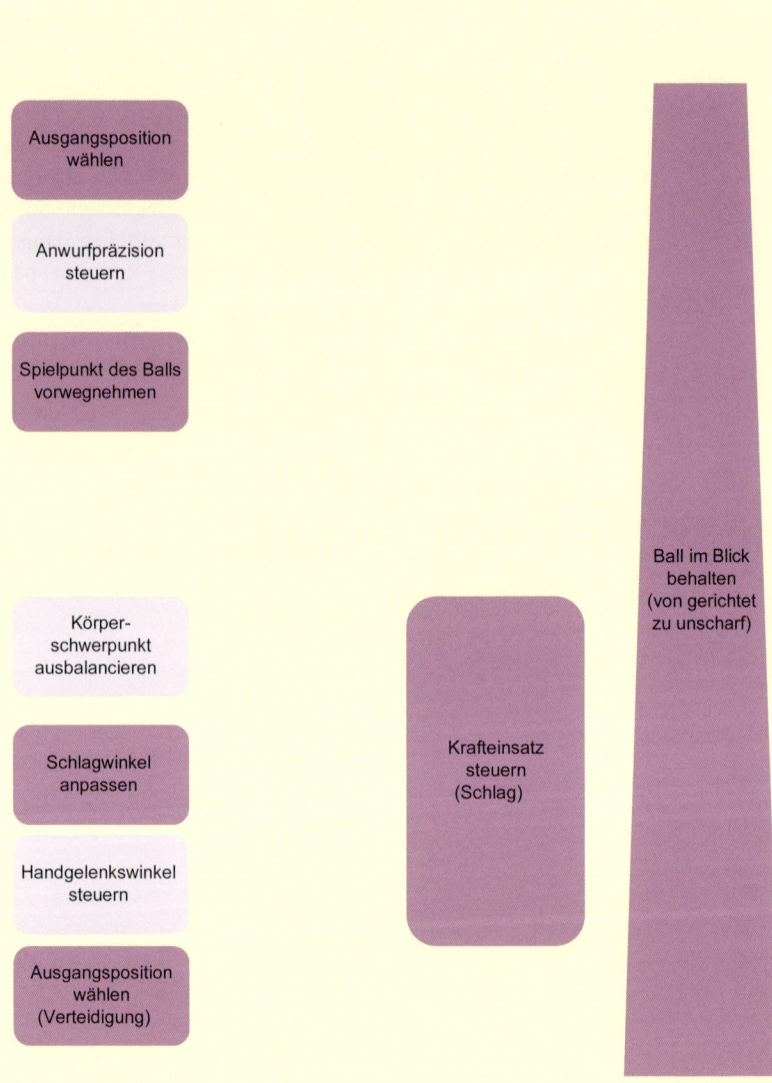

Ausgangsposition
wählen

Anwurfpräzision
steuern

Spielpunkt des Balls
vorwegnehmen

Körper-
schwerpunkt
ausbalancieren

Schlagwinkel
anpassen

Handgelenkswinkel
steuern

Ausgangsposition
wählen
(Verteidigung)

Krafteinsatz
steuern
(Schlag)

Ball im Blick
behalten
(von gerichtet
zu unscharf)

Übung 1:
Anwurfpräzision steuern, Handgelenkswinkel steuern

Spieler A führt eine spezifische K1 Situation durch (z. B. Zuspieler: Laufen, Zuspiel, sichern). Danach hat er die Aufgabe, im Zeitfenster von 8 Sekunden deutlich unterschiedliche Flugkurven beim Aufschlag zu schlagen.

Übung 2:
Anwurfpräzision steuern, Handgelenkswinkel steuern

Taktischer Aufschlag kurz, z. B. hinter den Mittelblocker – erfordert Treffpunkt von mehr unten-hinten Floataufschlag lang auf annehmenden Außenangreifer – erfordert Trefffläche mehr hinter den Ball.

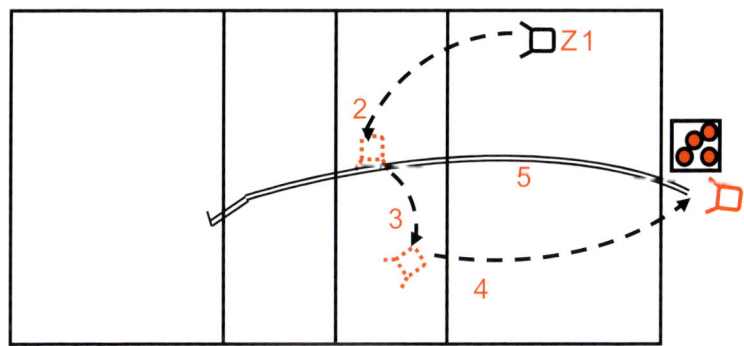

Sprungaufschläge

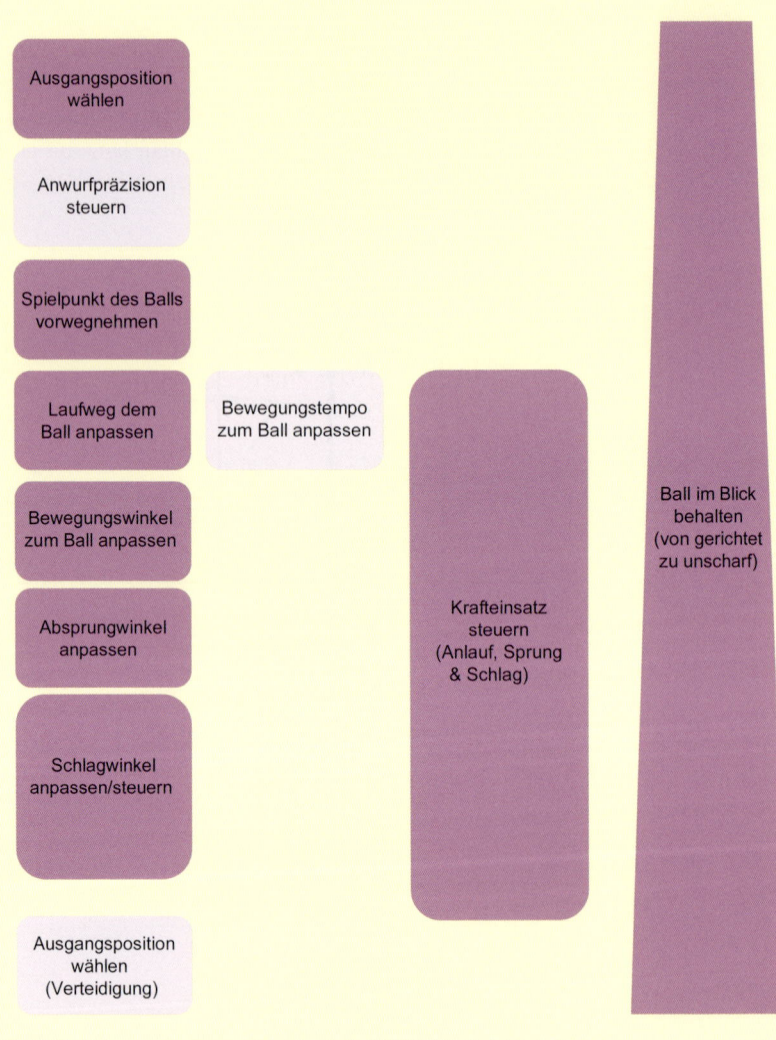

Ausgangsposition
wählen

Anwurfpräzision
steuern

Spielpunkt des Balls
vorwegnehmen

Laufweg dem
Ball anpassen

Bewegungstempo
zum Ball anpassen

Bewegungswinkel
zum Ball anpassen

Absprungwinkel
anpassen

Krafteinsatz
steuern
(Anlauf, Sprung
& Schlag)

Schlagwinkel
anpassen/steuern

Ball im Blick
behalten
(von gerichtet
zu unscharf)

Ausgangsposition
wählen
(Verteidigung)

Übung 3:
Anwurfpräzision steuern, Handgelenkswinkel steuern, Körperschwerpunkt ausbalancieren

Übung wie 1) A, durch die Anforderung des Sprungs erhöht sich die Schwierigkeit, die geforderten Bausteine bleiben dieselben.

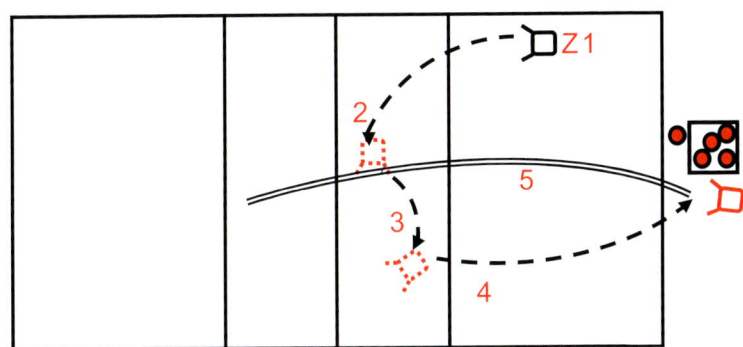

Übung 4:
Anwurfpräzision steuern, Handgelenkswinkel steuern, Körperschwerpunkt ausbalancieren, Bewegungstempo zum Ball anpassen

Der Spieler soll seine Anwurfhöhe bewusst variieren, den Ball aber trotzdem immer am hochstmöglichen Treffpunkt spielen (Bewegungstempo zum Ball anpassen).

Nach dem Aufschlag wird die Verteidigungsposition eingenommen und es erfolgt eine Abwehraktion.

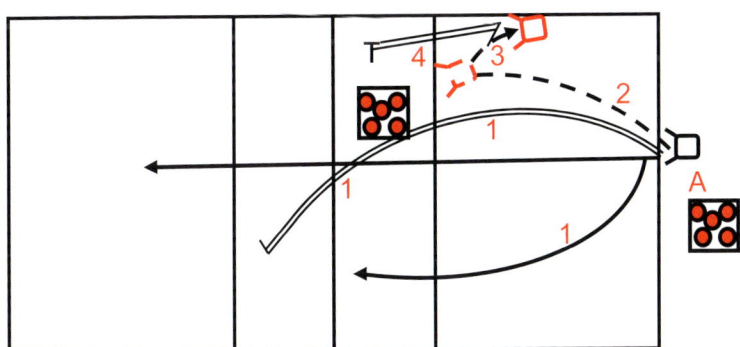

Annahmesituationen (SK C)

Die Möglichkeiten der Antizipation der Flugkurve sind begrenzt, weil der Ball in der Regel zu schnell fliegt, um ihn scharf zu sehen (Voigt, Richter & Jendrusch, 2010).
Deshalb muss der Spieler aus dem Anwurf in Relation zur Körperachse und Schlagarmführung des Aufschlägers Diagnosemerkmale für die Flugkurve des Balles vorhersehen. Eine weitere Möglichkeit ist die Beobachtung der Oberkörpervor- bzw. -rückneigung des Aufschlägers

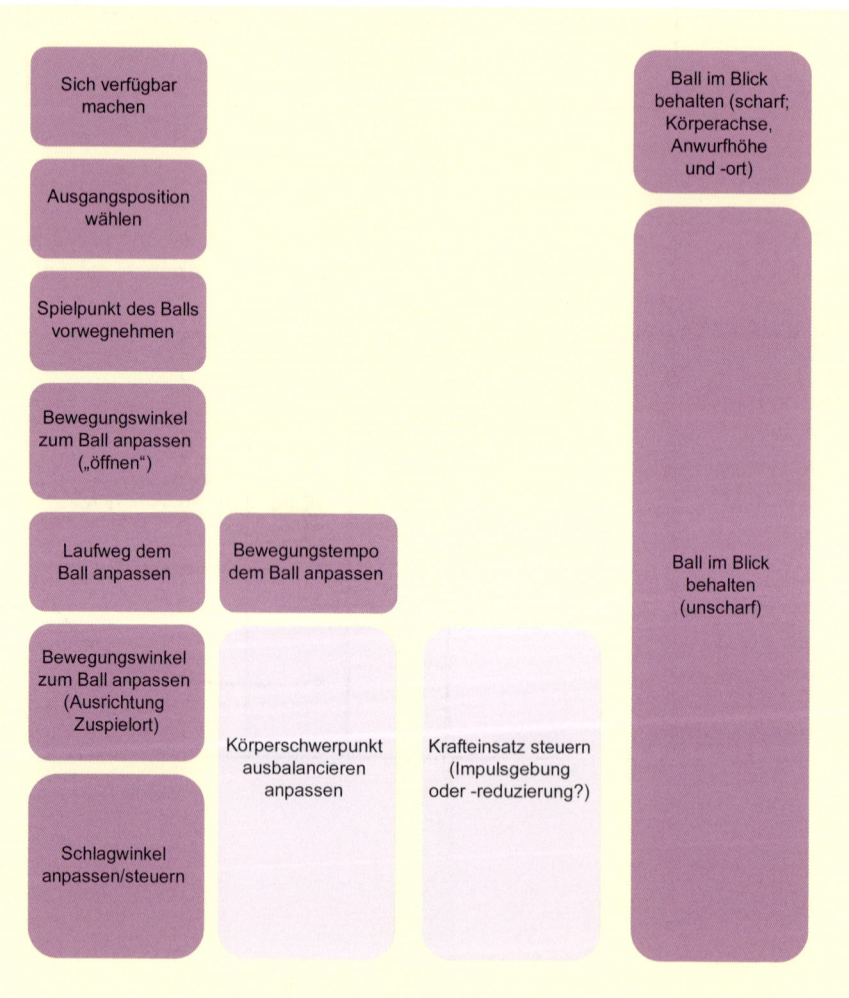

nach dem Anwurf, weil aus dieser auf die Anwurfentfernung und damit auf die Fluglänge und -höhe geschlossen werden kann.

Nach der Antizipation sollte eine frühzeitige Öffnung der Körperseite des Annahmespielers für die seitliche Annahme erfolgen, da er hierdurch Bewegungsfreiheit erhält. Zudem ist die Beobachtung des Balls dann erleichtert.

Beim Ballkontakt muss der Ball durch den Krafteinsatz des Annahmespielers einen solchen Impuls und Flugkurve erhalten, dass er ideal zum Zuspieler fliegt. Hierbei muss manchmal zusätzliche Energie auf den Ball übertragen werden (z. B. bei kurzen, taktischen Aufschlägen) oder oft Energie des Balls reduziert werden.

Übung 1: Krafteinsatz steuern

A nimmt Bälle an, die mit unterschiedlichen Geschwindigkeiten angespielt wurden. A soll präzise annehmen. Zur Kontrolle ruft A vor dem Ballkontakt jeweils, ob er dem Ball einen Impuls geben oder ihn reduzieren will.

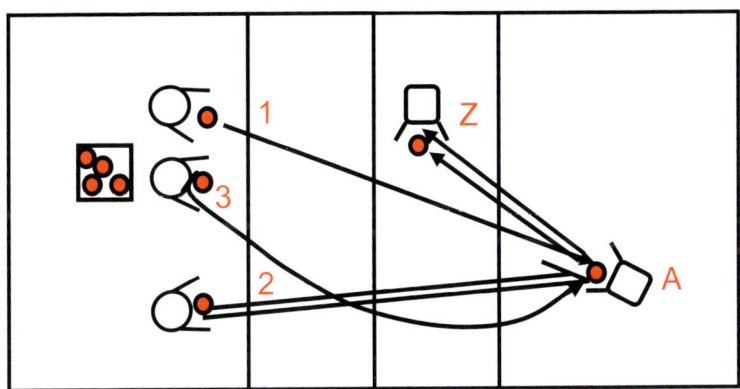

Übung 2: Körperschwerpunkt ausbalancieren

A nimmt Bälle an. Unmittelbar vor dem Ballkontakt führt er einen kleinen Hop mit zentrischer, beidbeiniger Landung durch. Die Streckung der Gelenke soll in Zielrichtung erfolgen.

Zuspielsituationen – gute Annahme (SK D)

Die Startposition des Zuspielers ist optimalerweise so zu wählen, dass schon vor dem gegnerischen Aufschlag die Laufbewegung beginnt, so dass im Moment des Ball-Hand-Kontakts kein Aufstellungsfehler entsteht, der Zuspieler aber schon in Bewegung ist (fliegender Start).
Der ideale Zuspielort muss mit ausbalanciertem Körperschwerpunkt vor der Annahme erreicht sein. Die ideale Zuspielposition (möglichst mit immer gleicher Ausrichtung der Körperachse) soll vor dem Zuspiel

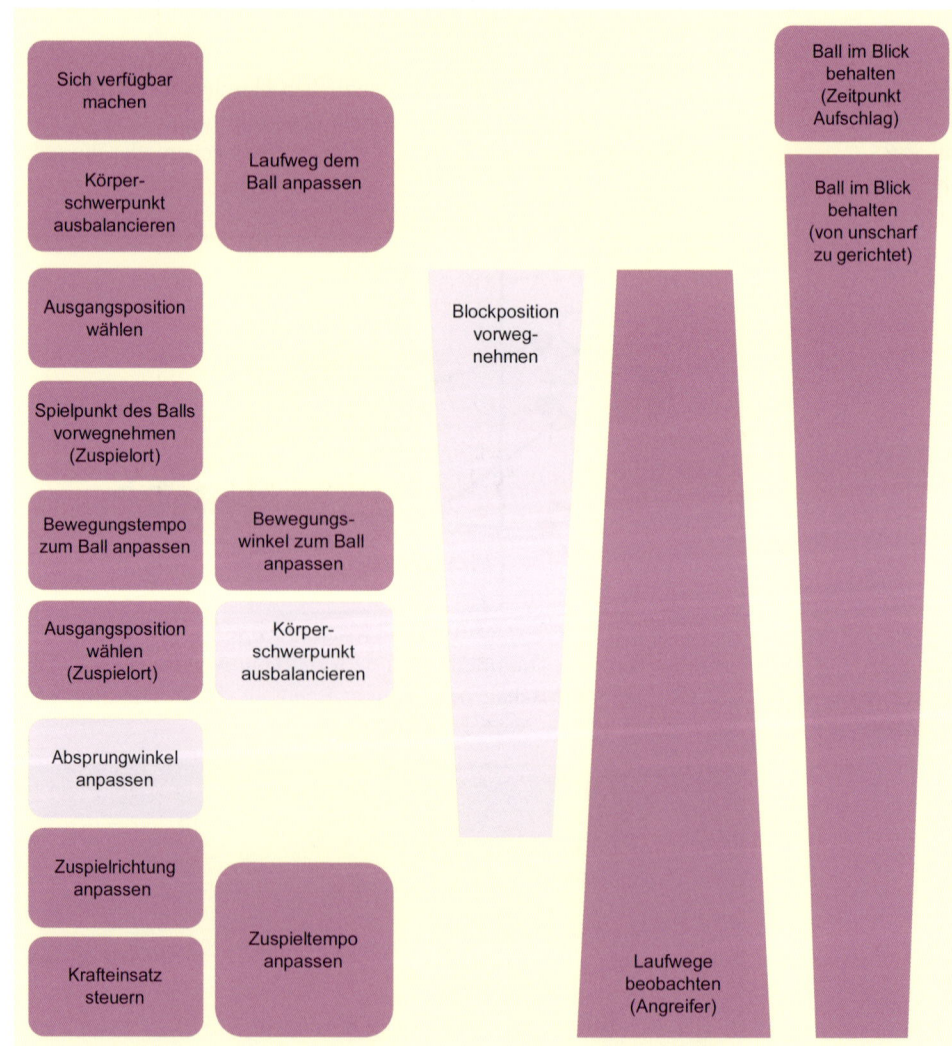

erreicht werden. In guten Situationen muss ein Zuspieler in der Lage sein, die taktischen Anforderungen zu erfüllen und eine neutrale, also schwer zu lesende, Zuspieltechnik durchzuführen.

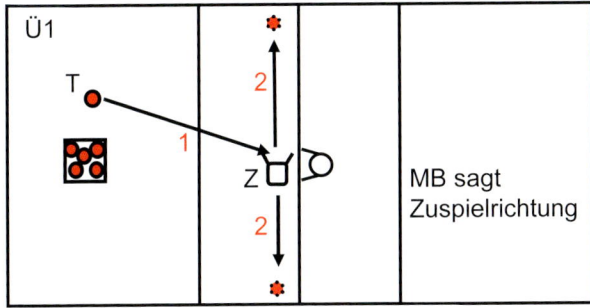

Übung 1:
Absprungwinkel anpassen, Körperschwerpunkt ausbalancieren

Z spielt unregelmäßig verschiedene Pässe nach perfekter Annahme. Ein gegnerischer Mittelblocker ruft jedes Mal vor dem Zuspiel, was für einen Pass er erwartet. Je höher die Fehlerquote der Vorhersage, desto besser ist das Zuspiel.

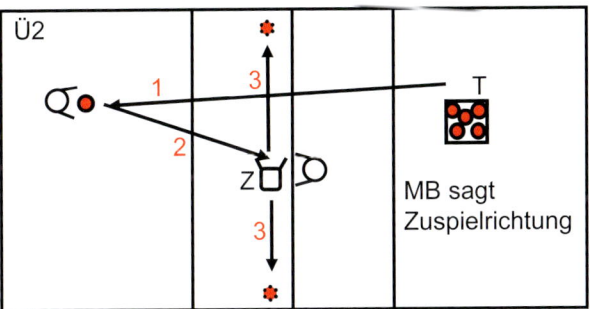

Übung 2:
Blockposition vorwegnehmen

Z spielt in Abhängigkeit vom gegnerischen Mittelblocker entweder 1. Tempo oder einen Pass nach außen. Es gilt: Wenn der Mittelblocker tief geht => Pass nach außen. Wenn der Mittelblocker bleibt => 1. Tempo.

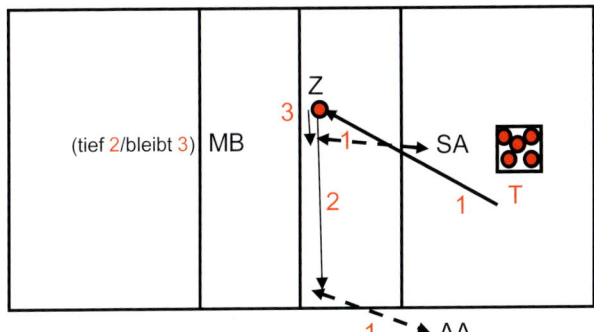

Zuspielsituationen – schlechte Annahme (SK E)

Die Startposition des Zuspielers ist optimalerweise so zu wählen, dass
schon vor dem gegnerischen Aufschlag die Laufbewegung beginnt, so
dass im Moment des Ball-Hand Kontakts kein Aufstellungsfehler entsteht, der Zuspieler aber schon in Bewegung ist (fliegender Start).
Der Zuspielort muss mit ausbalanciertem Körperschwerpunkt vor der
Annahme erreicht sein.

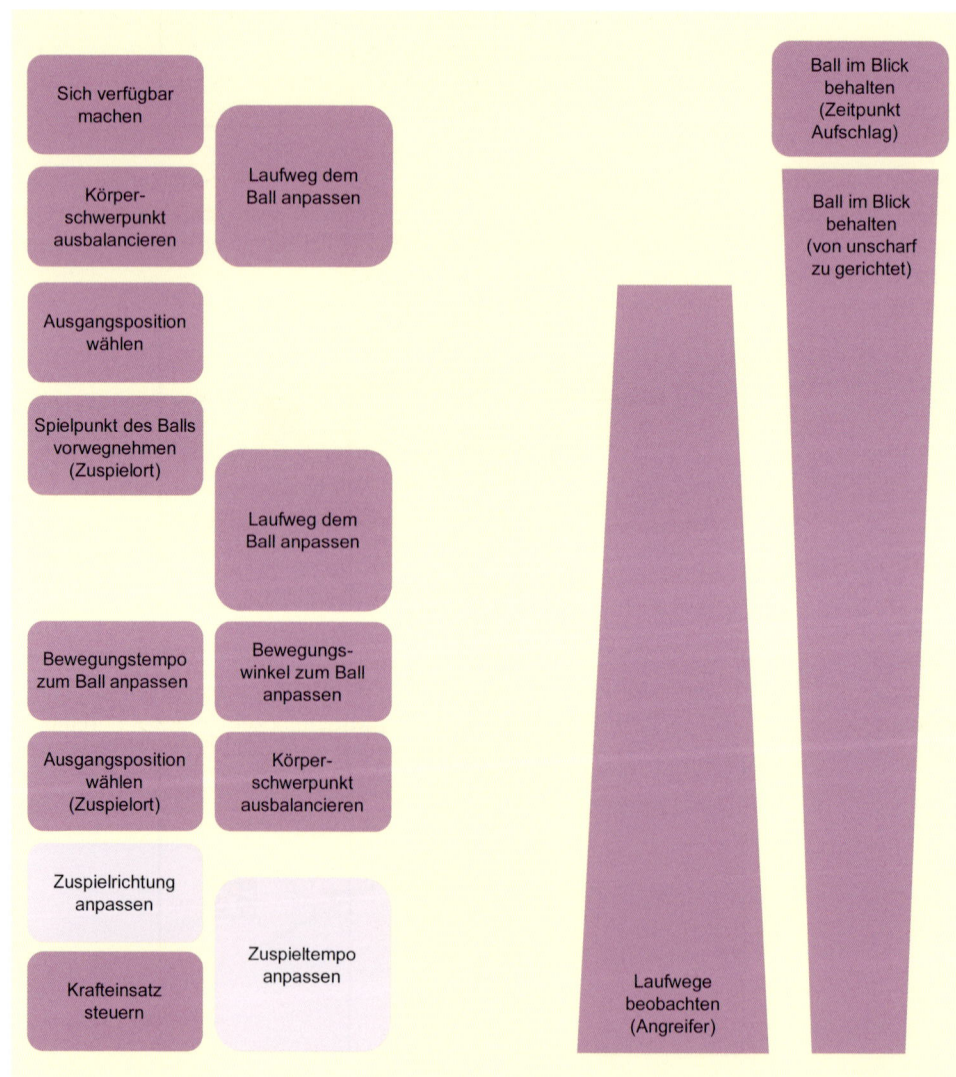

Hier werden nun – abweichend von der SK D – die Situationen beschrieben, in denen der Zuspieler eine schlechte Annahme verbessern muss.
Bei den schlechten Situationen muss für den Zuspieler zwischen den Situationen unterschieden werden, in denen er noch eine neutrale Körperposition einnehmen kann und denen, in denen er aufgrund der Schwierigkeit der Situation darauf verzichten muss.

Übung 1:
Zuspieltempo anpassen, Zuspielrichtung anpassen

A spielt einen Ball im ersten Tempo für einen Schnellangreifer. Der Ball soll immer dasselbe Tempo haben, obwohl die Netzdistanz (und damit der Zuspielort) systematisch unsystematisch variiert wird.

Übung 2:
Zuspieltempo anpassen, Zuspielrichtung anpassen

A spielt immer einen Positionspass aus unterschiedlichen Netzdistanzen, Netzzonen und mit unterschiedlichem Zeitdruck. Der Pass soll trotzdem immer im selben Tempo und derselben resultierenden Flugkurve gespielt werden.

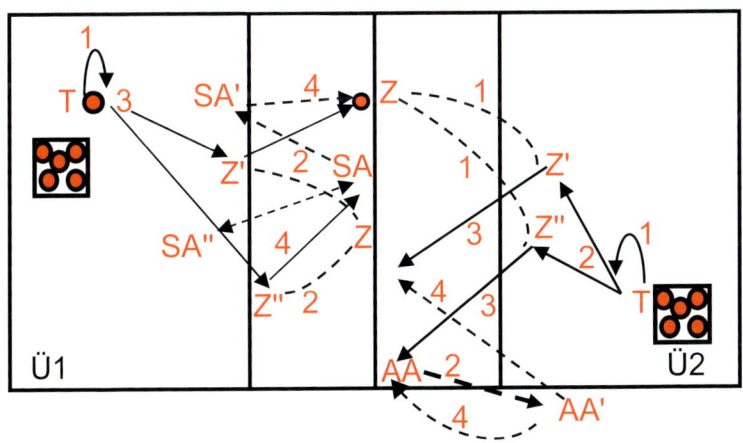

Schnellangriffe (SK F)

Unter Schnellangriffen werden alle Angriffe verstanden, bei denen der Angreifer vor oder mit dem Ballkontakt des Zuspielers in der Luft ist. Besondere Schwierigkeiten in der Situation liegen im Timing und im richtigen Ortsverhalten bei naturgemäß nicht immer identischen Zuspielorten (Verschiebung am Netz, Entfernung vom Netz).
Elementare Voraussetzung für einen Schnellangriff stellt die Anforderung „sich verfügbar machen" dar. Hierunter ist die Einnahme einer Position zu verstehen, in der der Angreifer sowohl den Ball als auch den Zuspieler(ort) ohne Kopfbewegung im Blickfeld hat.

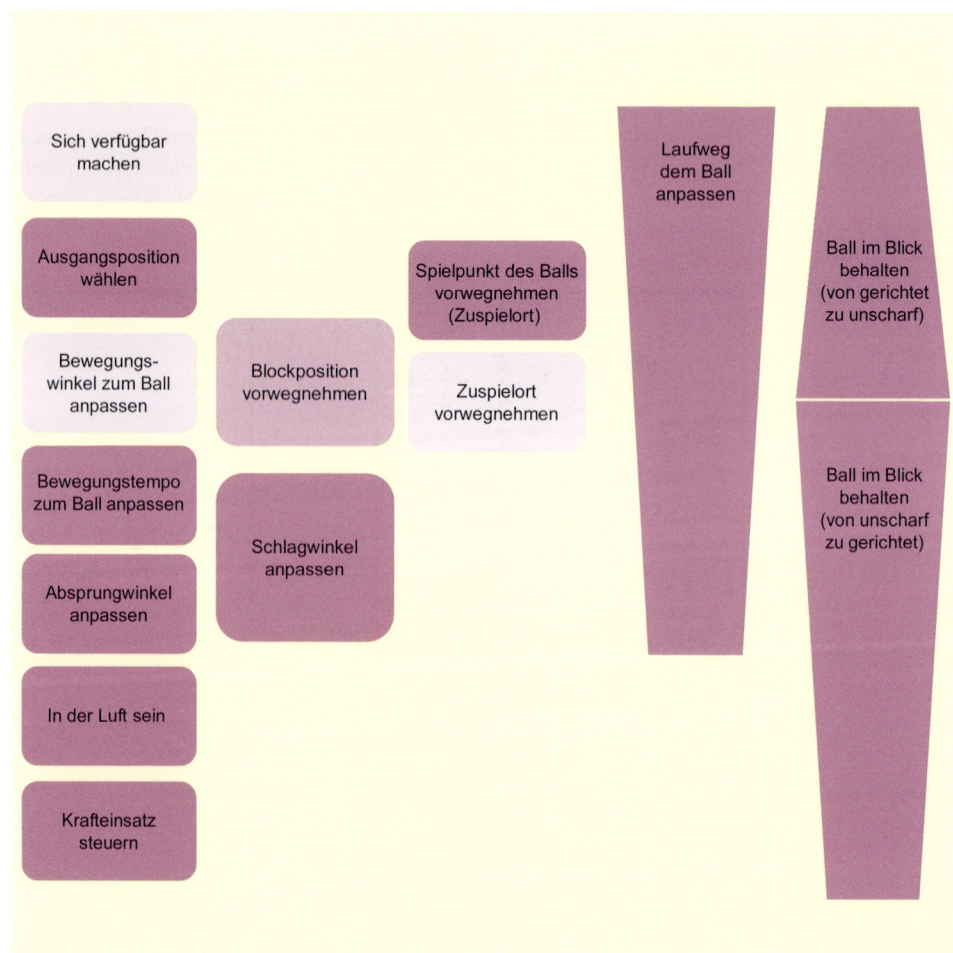

**Übung 1:
Sich verfügbar
machen**

MB startet im Block. Der Ball wird in die rechte oder linke Feldhälfte gespielt, der jeweilige Abwehrspieler fängt den Ball. A hat die Aufgabe, sich in diejenige Feldhälfte zu lösen, in die der Ball nicht gespielt wird und im Moment des Fangens zu stehen (mit ausbalanciertem Körperschwerpunkt).

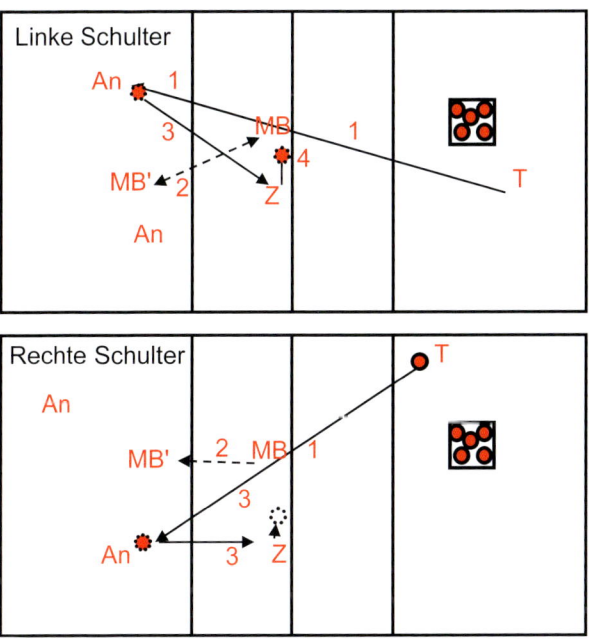

**Übung 2:
Bewegungswinkel
zum Ball anpassen,
Zuspielort
vorwegnehmen**

A erhält Schnellangriffe zugespielt. Der Zuspielort wird dabei systematisch unsystematisch variiert (Netzzone, Netzdistanz). A hat die Aufgabe, aufgrund des antizipierten Zuspielorts seine Distanz und den Anlaufwinkel anzupassen.

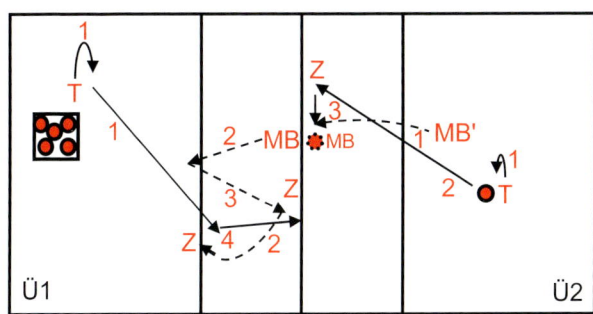

Kombinationsangriffe (SK G)

Bei Kombinationsangriffen gibt es verschiedene Anforderungen, die zu bewältigen sind.

Der Kombinationsangreifer muss dasjenige Zeitfenster und/oder Raumfenster nutzen, das der eigene Schnellangreifer ihm durch seine Angriffstäuschung öffnet. Hierbei darf er weder zu früh seine „Standardposition" verlassen, noch zu spät in der Zeit sein. Gute Spieler integrieren zusätzlich Lauftäuschungen in die Annäherung.

Der Schlag muss in der Regel in diejenige Richtung, die durch die Kombination geöffnet wird (meistens in Anlaufrichtung).

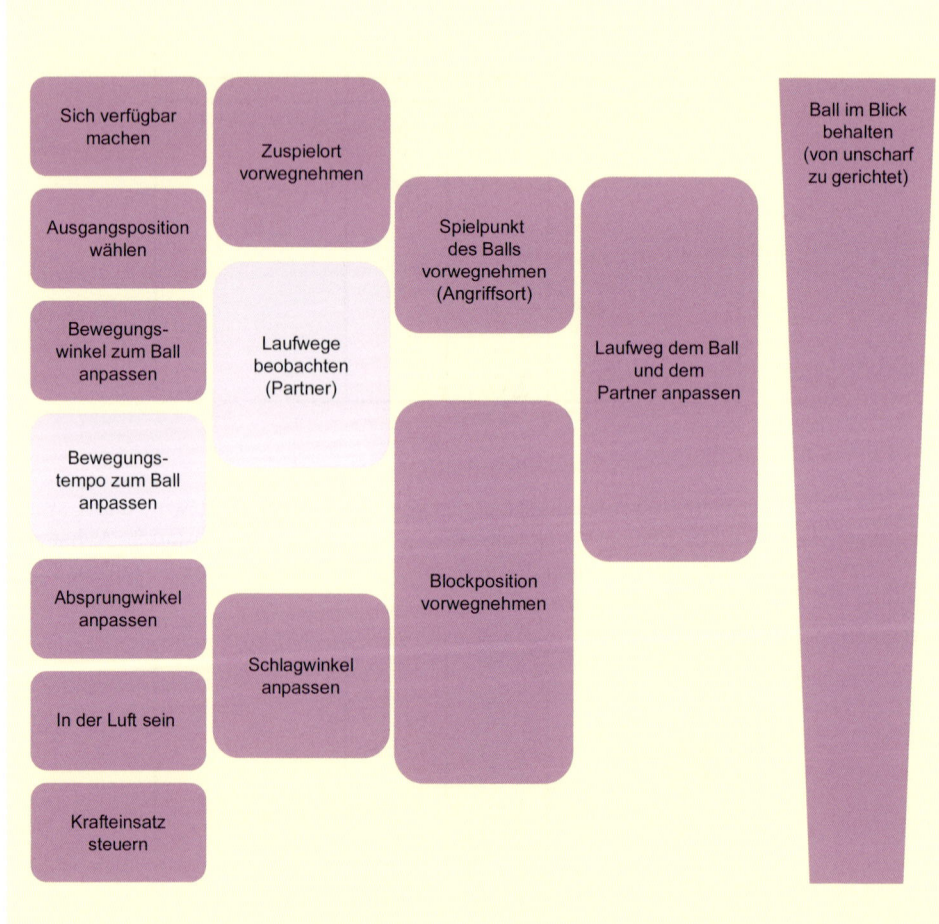

Übung 1:
Bewegungstempo
dem Ball anpassen

A und B simulieren ihren Anlaufweg „trocken". Später wird der Kombinationsangreifer (meistens) angespielt und ein gegnerischer Blocker versucht, beide Bälle zu blocken. Ziel ist, dass es ihm aufgrund des Zeitdrucks nicht möglich ist.

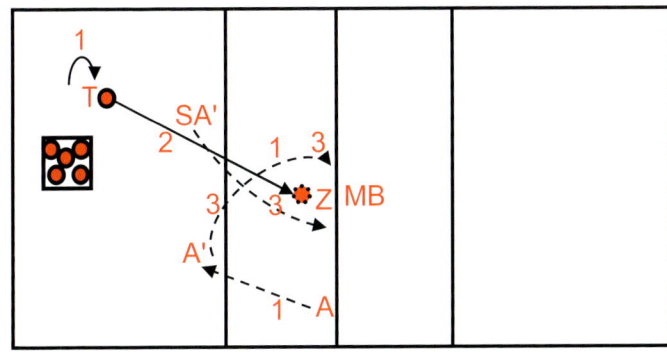

Übung 2:
Laufwege
beobachten,
Bewegungstempo
dem Ball anpassen

A und B führen ihre Kombination durch. A (1. Tempo) variiert seine Anlaufrichtung, B hat die Aufgabe, seine Anlaufrichtung so anzupassen, dass er von dem Raumfenster, das A durch seine Annäherung schafft, profitiert.

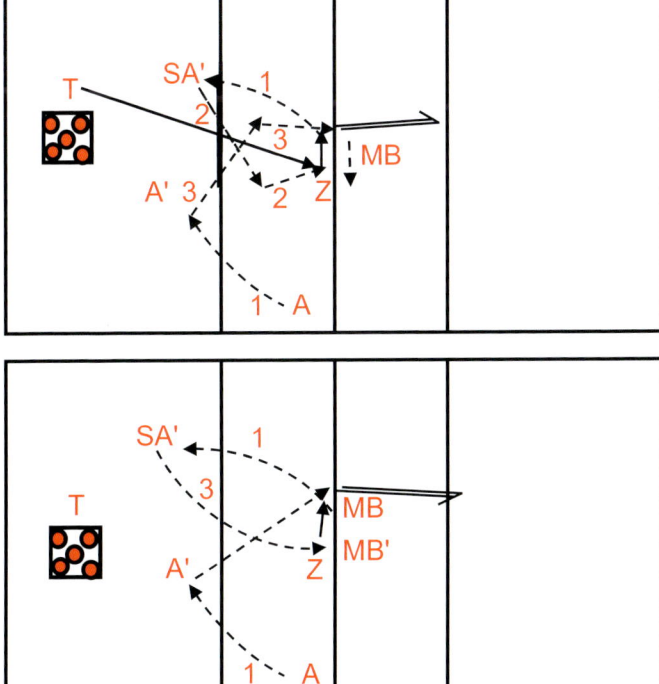

Positions-/Rückraumangriffe (SK H)

Positions-/Rückraumangriffe haben im Spiel gemeinsam, dass sie oft für den angreifenden Spieler eine Folgeaktion sind (vorher hat der Spieler angenommen, abgewehrt, …).

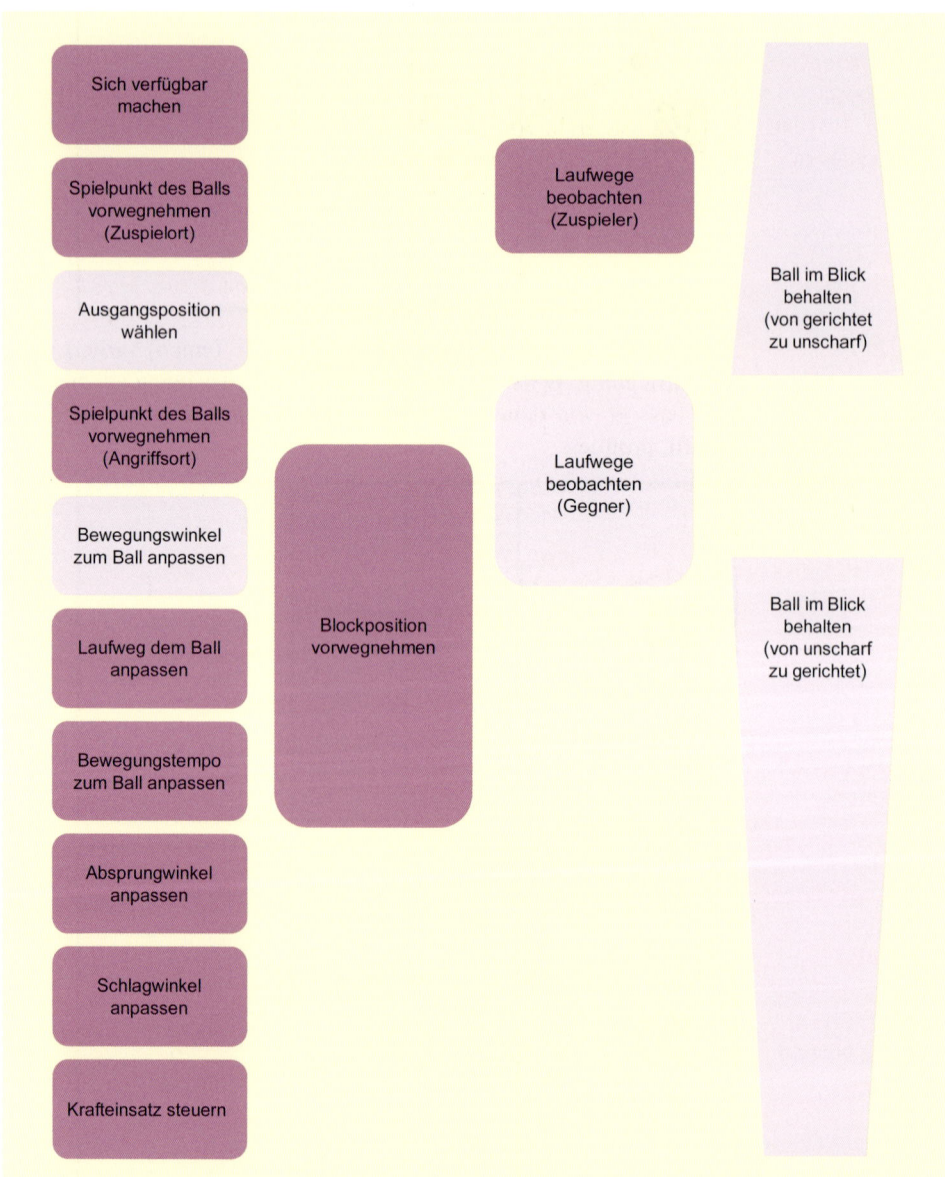

Insofern spielt der Aspekt des Umschaltens zwischen den Situationen ebenso eine Rolle wie die tendenziell großen und variabel benötigten Laufwege, die der Spieler zurücklegen muss. Oft werden solche Angriffe auch aus nicht optimalen Situationen gespielt, was dem Spieler größere individualtaktische Fähigkeit abverlangt (die gegnerische Abwehr hat relativ viel Zeit, sich auf den Angriff einzustellen).

Übung 1:
Bewegungswinkel zum Ball anpassen, Ball im Blick behalten, Ausgangsposition wählen

Ü1: T spielt Ball über das Netz, An nimmt an und bereitet Angriff vor, Z fängt den Ball, An kontrolliert in diesem Augenblick, ob er eine angemessene Ausgangsposition erreicht hat.

Übung 2

Übung wie 1) T erhöht zusätzlich die Schwierigkeit des gespielten Balls zu An, dieser muss auch bei schlechter Annahme oder ungünstiger eigener Position (Skizze) im Feld eine angemessene Ausgangsposition wählen (schlechte Annahme).

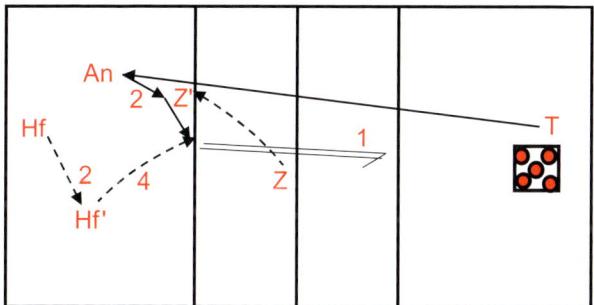

Übung 3:
Laufwege beobachten (Gegner)

Ü3: T spielt von der Position 6 an und bewegt sich dann entweder zur 5 oder zur 1. An ruft im Moment des Zuspiels die Position von A und greift auf die andere Position an.

Übung 4:
Bewegungswinkel zum Ball anpassen, Ball im Blick behalten, Ausgangsposition wählen, Laufwege beobachten (Gegner)

Schwierigkeit des ersten Balls variieren (Bausteine entsprechend Ü2).

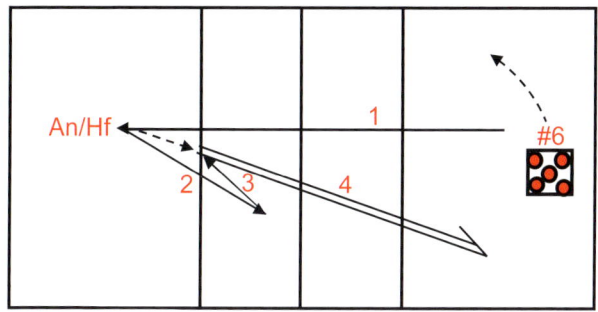

Blocken gegen Schnellangriffe (SK I/J)

Die Schwierigkeit in der Situation „Blockieren von Schnellangriffen" stellt die gleichzeitige Beobachtung des anfliegenden Balls aus der Annahme, die Beobachtung des Zuspielers (am besten gerichtet/scharf auf die Schulter/Arm/Handregion) und die Anlaufrichtung des anlaufenden Schnellangreifers. Hinzu kommt, dass die Schnellangreifer mit steigendem Niveau zahlreiche Anlauf-, Sprung- und Schlagvariationen einsetzen.

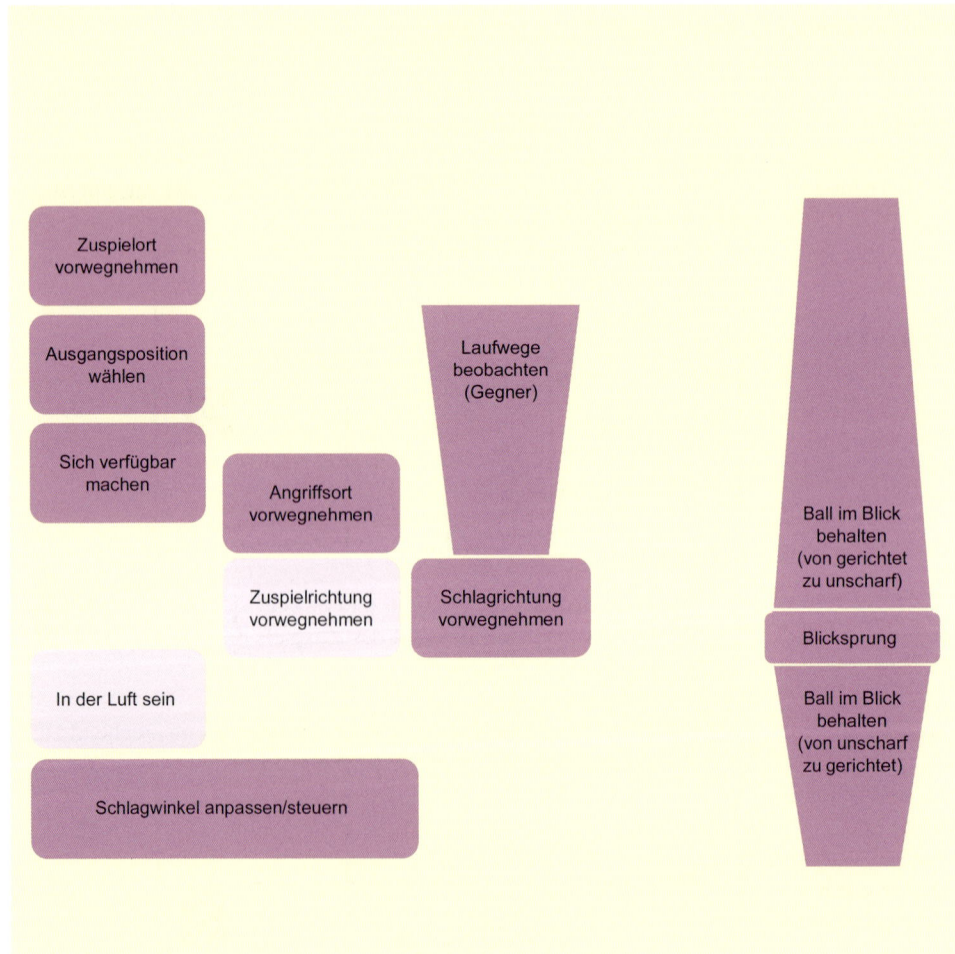

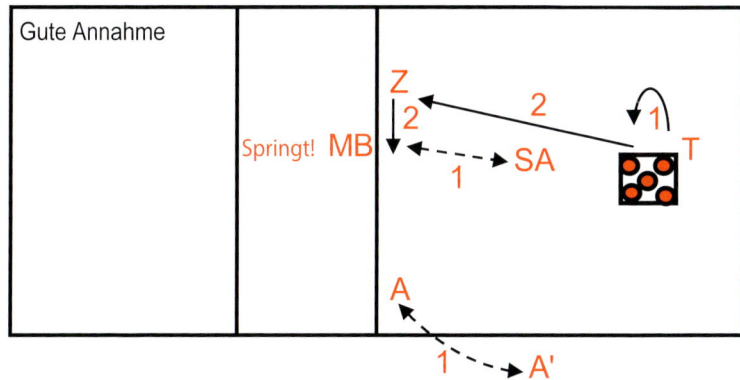

Übung 1:
In der Luft sein,
Zuspielrichtung
vorwegnehmen

Bälle werden in unterschiedlicher Netzdistanz angeworfen und zuge-spielt. MB hat die Aufgabe, in guten Situationen mit dem Schnellan-griff mitzuspringen/nachzuspringen, bei schlechten Situationen außen zu blockieren.

Übung 2:
In der Luft sein,
Zuspielrichtung
vorwegnehmen

Wie oben, es gibt nur noch gute Situationen, der Blockspieler muss aufgrund der Beobachtung des Zuspieler entscheiden, ob er mitspringt/nachspringt oder nicht.

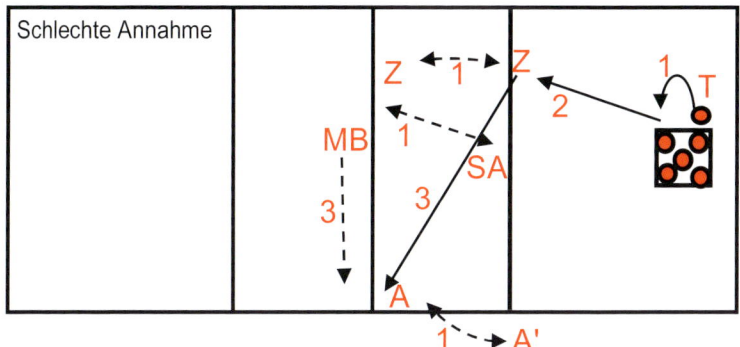

Blocken gegen Kombinationsangriffe (SK K)

Die Schwierigkeit in der Situation „Blockieren von Kombinationsan-griffen" ist die Beobachtung der Laufwege aller gegnerischen Angrei-fer (in der Regel aufgeteilt auf die jeweiligen Blockspieler). Außerdem muss – im Falle sich kreuzender Laufwege – die Zuständigkeit (und damit auch die Beobachtung) der Angreifer getauscht bzw. übergeben werden.

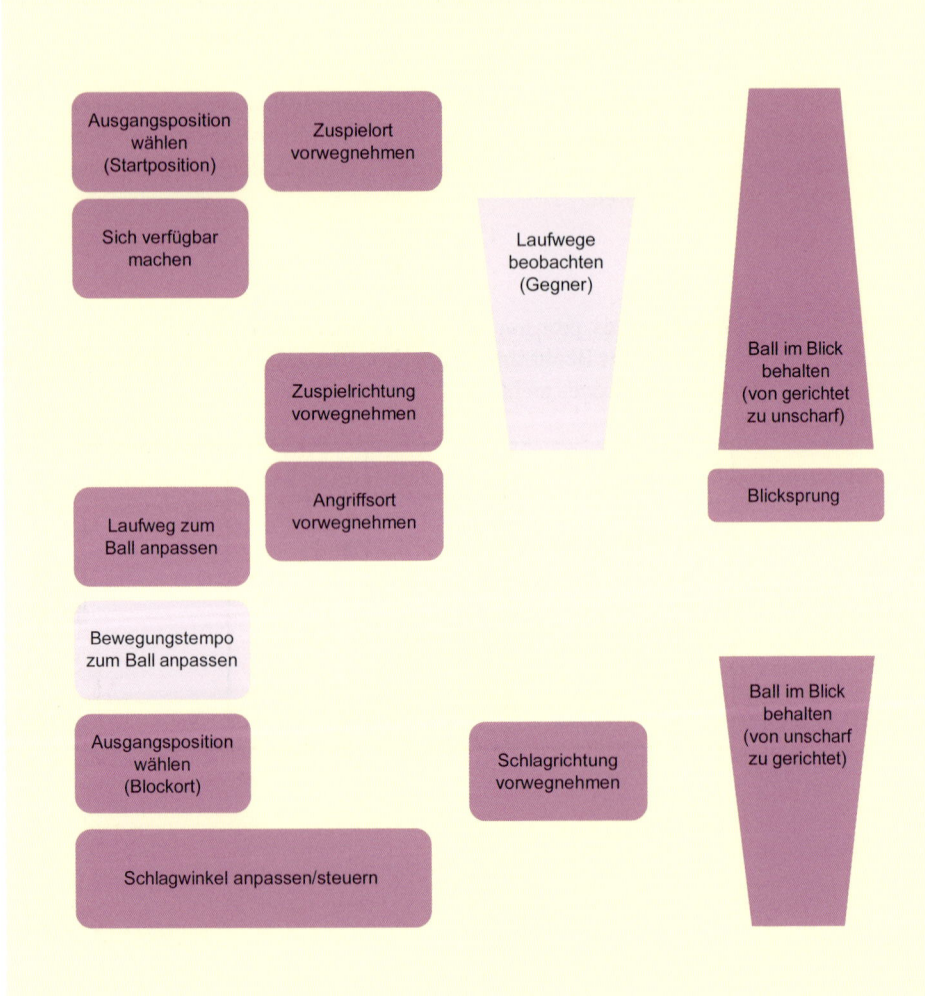

Übung 1:
Laufwege
beobachten,
Bewegungstempo
dem Ball anpassen

Mannschaft A (drei Angreifer) greift gegen eine Blockreihe an und variieren verschiedene Kombinationen (zunächst „Staffeln"). Die Blocker sollen die Angriffe so früh wie möglich benennen.

Übung 2:
Laufwege
beobachten,
Bewegungstempo
dem Ball anpassen

Übung wie 1), Mannschaft A kreuzt zusätzlich. In diesem Fall muss die Zuständigkeit (Kommunikation und Fokus der Beobachtung) übergeben werden. Natürlich muss im Übungsablauf auch mal nicht kombiniert werden.

Variante

Mit zusätzlich kombinierenden Rückraumangriffen (schwieriger).

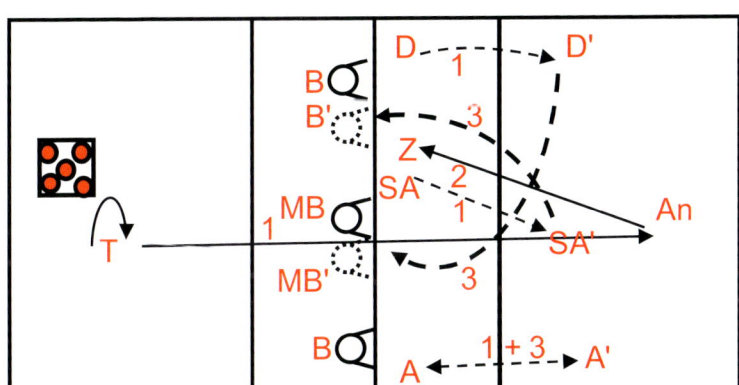

Blocken gegen Positionsangriffe (SK L/M)

Die Situation wird – je nach blockendem Spieler – unterteilt. Hier wird zunächst der Mittelblocker betrachtet.

Die Schwierigkeit stellt für den Mittelblocker zum einen die Entscheidung dar, welcher Ball zugespielt wird. Zum anderen muss er unter Zeitdruck seine Beobachtung vom Schnellangreifer auf den Außenangreifer richten, der angespielt wird (Blicksprung).

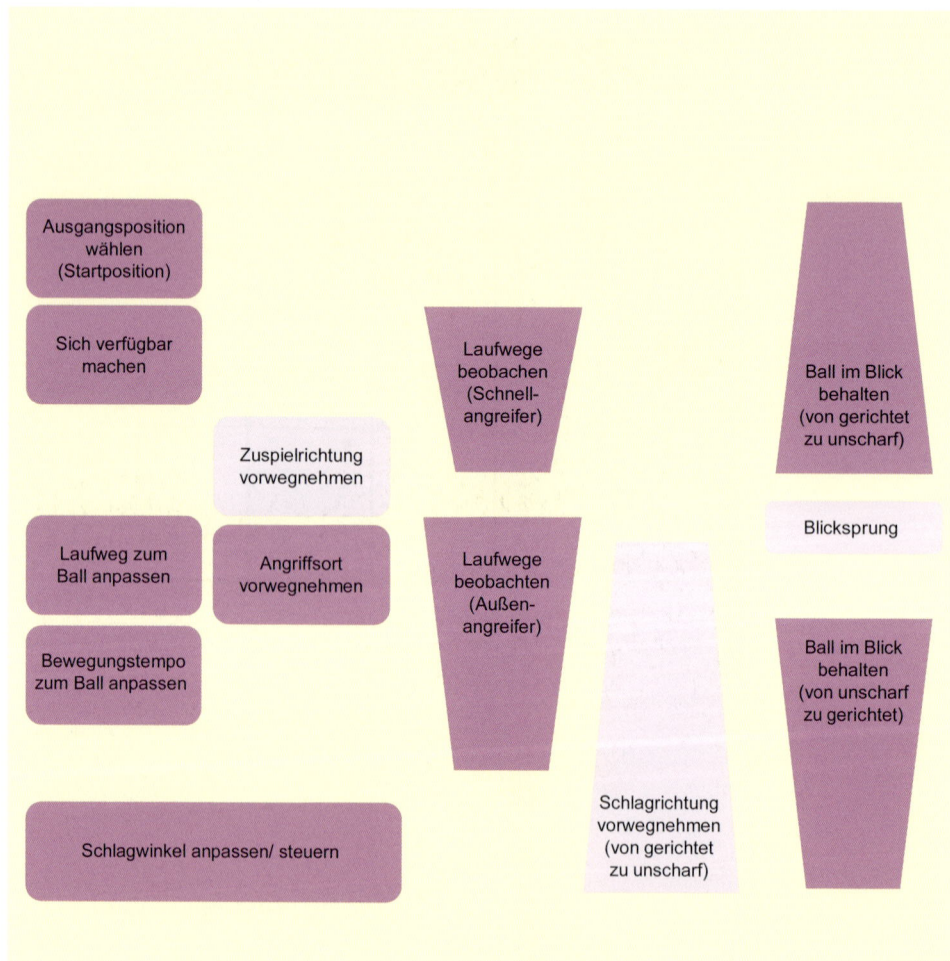

Übung 1:
Zuspielrichtung
vorwegnehmen,
Ball im Blick
behalten (hier
durch Blicksprung)

Der Zuspieler spielt entweder Außen oder Schnell, A als Blocker soll rufen, was für ein Ball zugespielt wird.

Übung 2:
Zuspielrichtung
vorwegnehmen,
Ball im Blick
behalten (hier
durch Blicksprung),
Schlagrichtung
vorwegnehmen

Wie 1, nachdem die Entscheidung „Außen" gefallen ist, soll der Blocker rufen, ob der Außenangreifer diagonal oder longline anläuft.

Nun wird die Situation für den Außenblocker betrachtet. Es geht um zwei Schwierigkeiten in der Situation: zum einen das Timing des Absprungs für den Blockspieler, zum anderen die Wahl des richtigen Absprungortes.

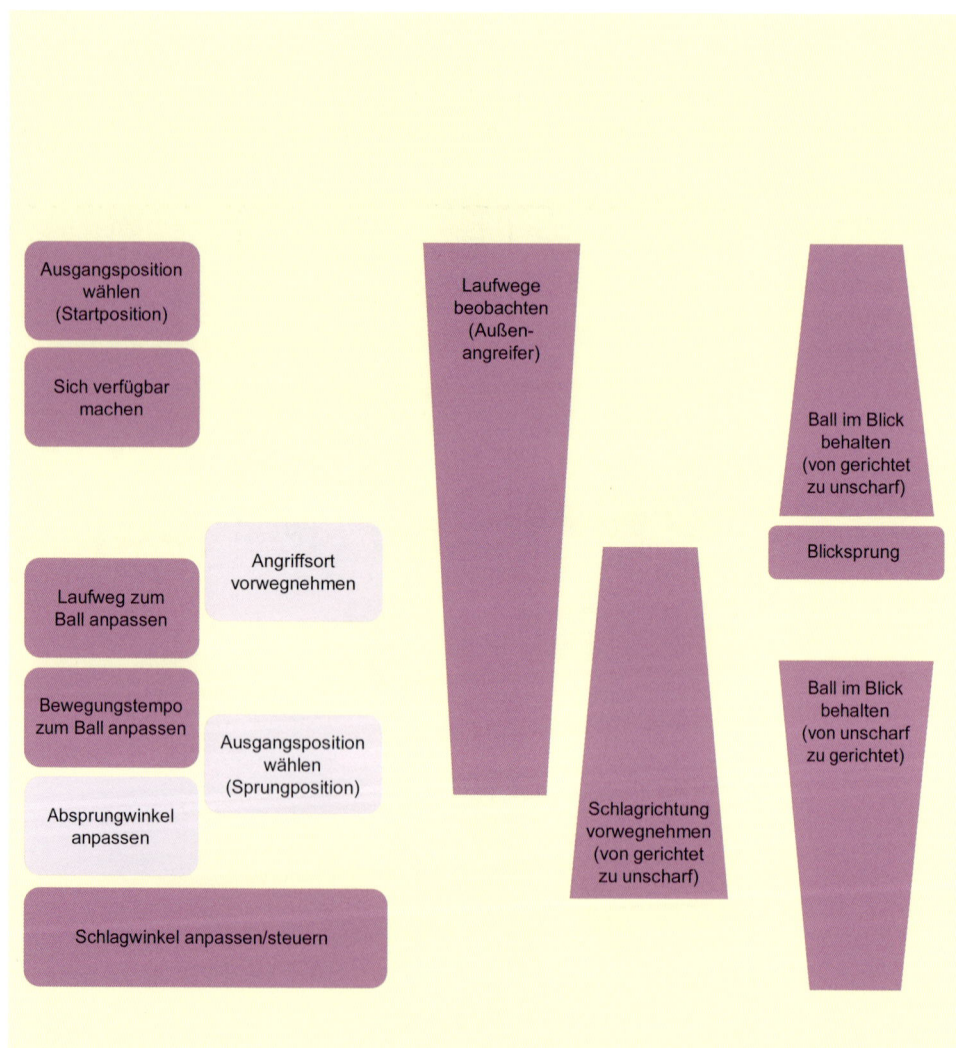

**Übung 1:
Angriffsort
vorwegnehmen,
Ausgangsposition
wählen**

B blockiert gegen Außenangriffe, die wechselnde Anlaufrichtungen ausführen. B muss seine Position dementsprechend anpassen und die Anlaufrichtung (vorher) ansagen.

**Übung 2:
Angriffsort
vorwegnehmen,
Ausgangsposition
wählen, Absprung-
winkel anpassen**

Übung wie 1), das Zuspiel erfolgt zusätzlich in unterschiedlicher Netz-distanz. B muss blockieren und soll möglichst frühzeitig „früh" oder „spät" ansagen.

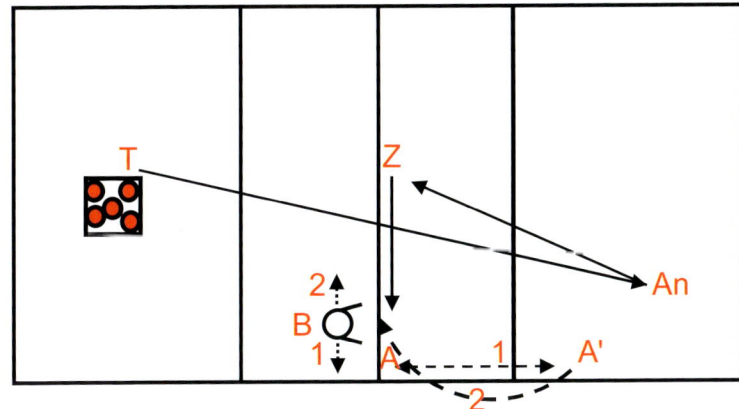

Feldabwehr gegen harte Angriffe (SK N)

Feldabwehrsituationen sind die Situationen mit dem größten Zeitdruck im Spiel. Je nach Niveau beträgt die Zeit zwischen Angriff und Ballkontakt in der Abwehr zwischen 0,3 und 0,6 Sekunden (Westphal, Gasse & Richtering, 1987; Voigt, Richter & Jendrusch, 2010).

In dieser Zeit sind keine Laufaktionen mehr möglich. Deshalb ist die Abwehr die Situation, bei der alle motorischen Aktionen aufgrund von Antizipation vor dem Ballkontakt des Angreifers beendet sein müssen (Laufweg, Ausrichtung der Körpers insbesondere des Körperschwerpunkts).

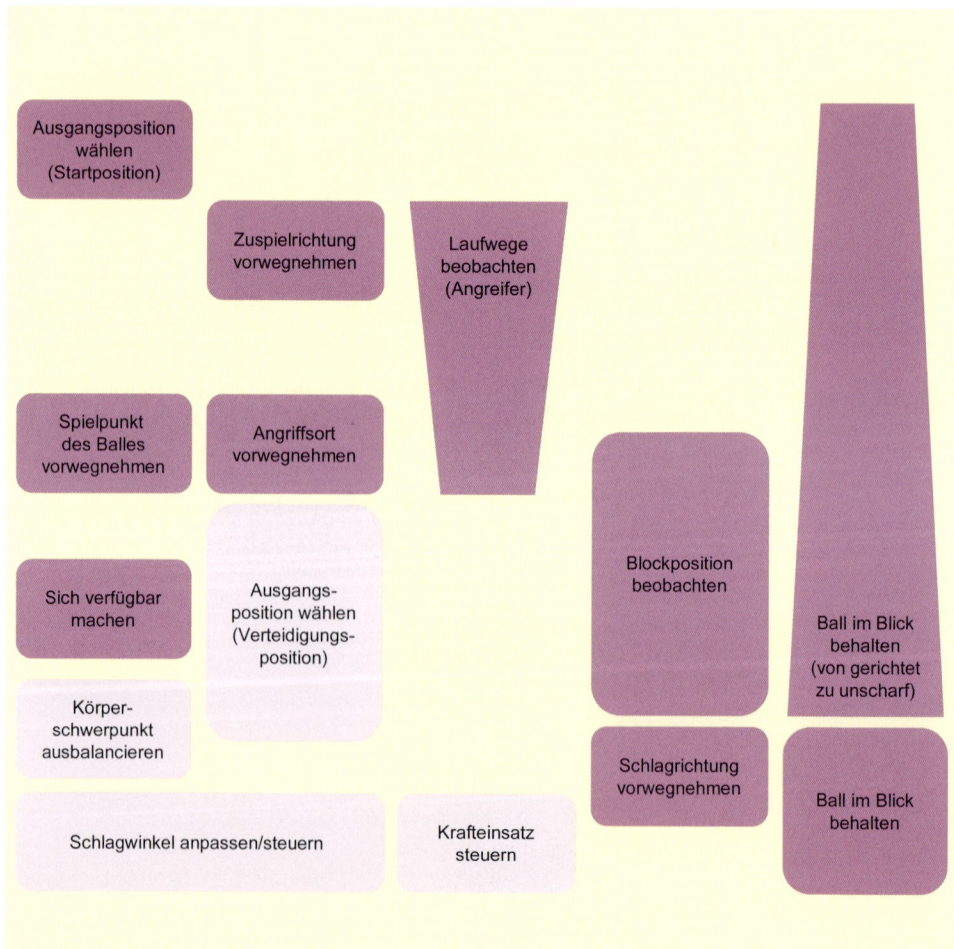

Übung 1:
Ausgangsposition
wählen

A greift einen Ball mit eigenem Anwurf an und variiert dabei die Netz-distanz. B wählt seine Verteidigungsposition in Abhängigkeit von der Netzdistanz (nah = vorne, fern = hinterer Bereich) und verteidigt.

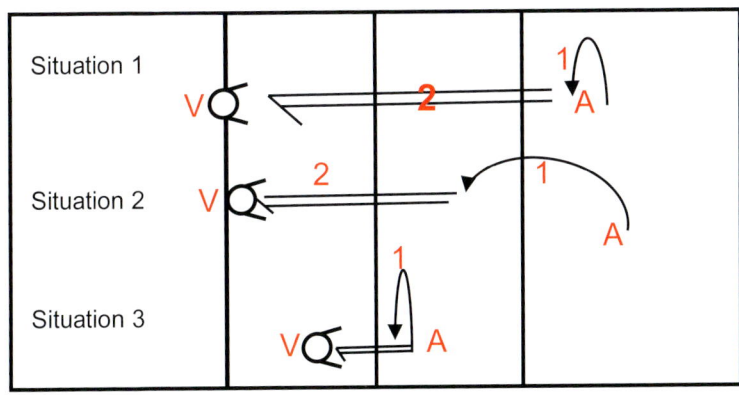

Übung 2:
Körperschwerpunkt
ausbalancieren

A greift von einem Podest auf B an und variiert seine Schläge so, dass sie außerhalb der Körperebene, aber innerhalb der Reichweite des Ver-teidigers sind. Dieser muss seinen Körperschwerpunkt hinter den abzu-wehrenden Ball verschieben, um ihn zu kontrollieren. Die Fußposition verändert sich wegen des Zeitdrucks nicht.

Übung 3:
Schlagwinkel
anpassen,
Krafteinsatz steuern

A greift von einem Podest über kurze Distanz (4-5 Meter) hart auf einen Verteidiger B an. B verteidigt, lässt seine Körperposition bewusst hoch und versucht den Ball durch eine nachgebend-winkelnde Bewe-gung in Ellenbogen und Handwurzel umzulenken (Richtung Decke) und den Impuls zu reduzieren („Harte, netznahe geschlagene Bälle im eigenen Feld halten")

Feldabwehr gegen „langsame" Bälle (SK O)

Feldabwehrsituationen sind die Situationen mit dem größten Zeitdruck im Spiel. Jetzt geht es aber um Bälle, die ihre Flugkurve durch Block- oder Netzkontakt ändern oder die als taktische Schläge (z. B. Roll-Shot) gespielt werden. Diese Bälle müssen erlaufen werden. Der Spieler muss also aus seiner stabilen, tiefen Körperposition schnell starten, um den Ball zu spielen. Der Ball wird unter Zeitdruck auch mal einhändig gespielt, in der Regel muss der Ball beschleunigt werden und in ungewohnte Richtungen gespielt werden.

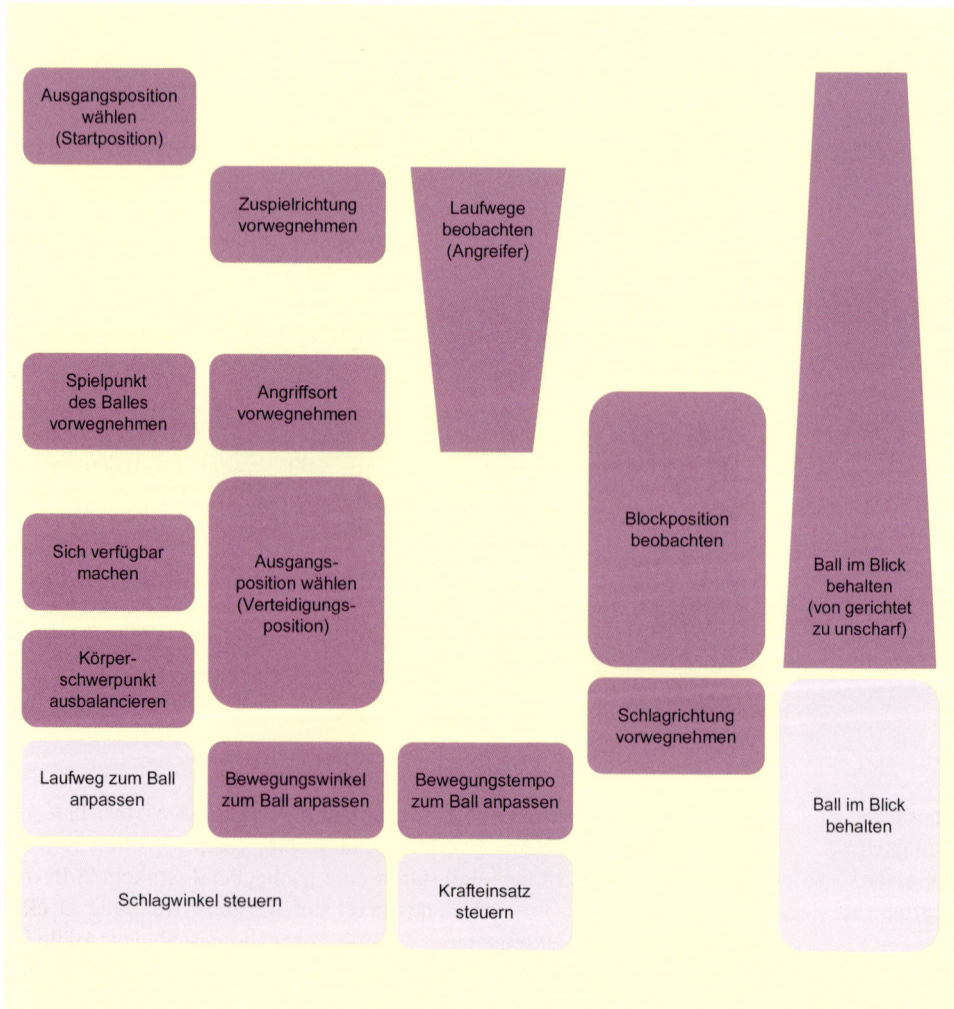

Übung 1:
Laufweg zum Ball anpassen, Schlagwinkel anpassen, Krafteinsatz steuern

A läuft von seiner „Homeposition" auf eine Verteidigungsposition und verteidigt dort einen kontrolliert geschlagenen Ball (Kontrollfunktion). Im Moment der Abwehr wirft B einen Ball (variabel in Höhe und Richtung, Flugkurve wie z. B. Blockabpraller), der erlaufen und ins Feld zurückgespielt werden muss.

Übung 2:
Laufweg zum Ball anpassen, Schlagwinkel anpassen, Krafteinsatz steuern, Ball im Blick behalten

Angriff über Position 4 gegen einen hochgestellten Doppelblock, Verteidiger 4,5,6,1 entsprechend der Mannschaftstaktik auf ihren Verteidigungspositionen (nach Laufweg von der „Homeposition"). Angreifer soll den Block anschlagen, Verteidiger sollen den Ball trotzdem verteidigen und möglichst früh rufen, wohin der Ball fliegt.

Sicherung (SK, P)

Die Sicherung spielt im Volleyball bei „guten" Situationen (also den überwiegenden Teil der K1-Situationen) eine untergeordnete Rolle, weil sie dem Angriffsaufbau nachgestellt ist. In diesen Situationen sichert in der Regel nur noch der Libero, weil die anderen Spieler ihre Angriffe überzeugend für den Gegner vorbereiten müssen und das Spiel in der Regel so schnell geworden ist, dass auch der Zuspieler nicht rechtzeitig am Angriffsort sein kann.

In für den Gegner eindeutigen Situationen gewinnt die Sicherung stark an Bedeutung. Zum einen kann der Gegner besser einen Block formieren, zum anderen sind Spieler frühzeitig nicht im Angriff eingebunden und haben die Zeit zum Sichern.

Im günstigsten Falle sichern alle nicht am Angriff beteiligten Spieler nah, nur der Rückraumspieler der ballabgewandten Seite sichert zentral lang. „Sicherungssysteme" widersprechen der Spielwirklichkeit.

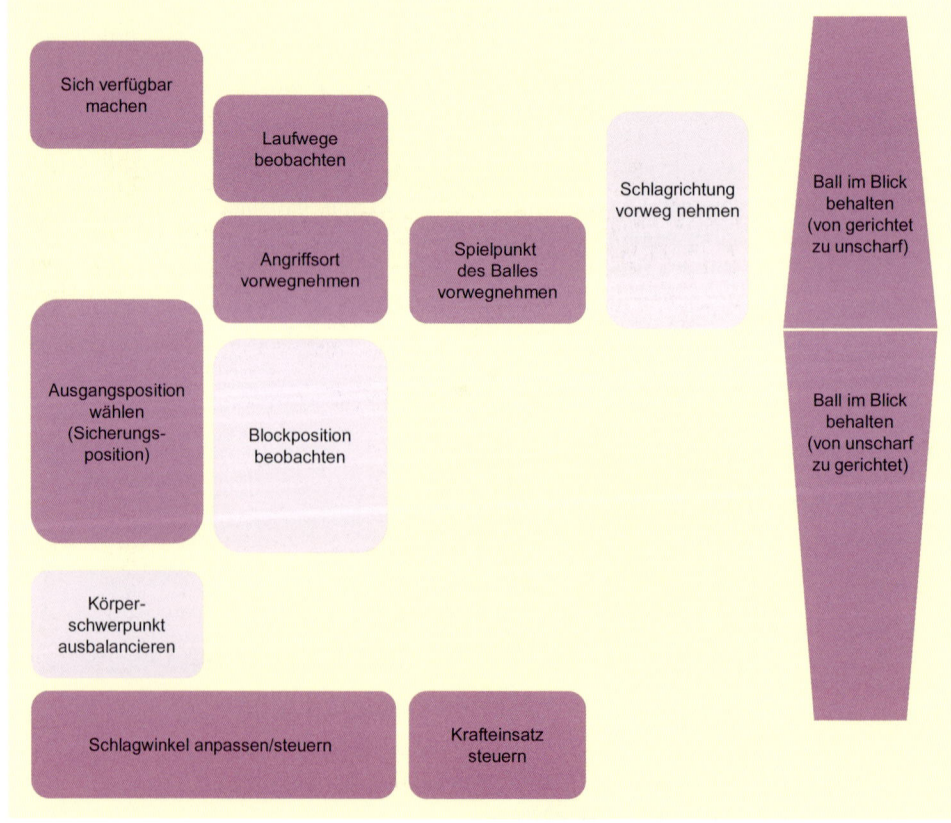

**Übung 1:
Schlagrichtung
vorwegnehmen,
Blockposition
beobachten,
Körperschwerpunkt
ausbalancieren**

(Übung für Libero) Der Libero spielt eine Annahme, läuft dann zur Sicherung des ersten Tempos (gegen die Anlaufrichtung des eigenen Schnellangreifers), stoppt im Moment des Ballkontakts des Zuspielers, sichert wenn erstes Tempo gespielt wird. Wenn zweites Tempo gespielt wird, erfolgt der Laufweg zum Angriffsort; es wird spätestens gestoppt, wenn der Angreifer Ballkontakt hat.

Übung 2

Angriff in einen hochgestellten Block, Sicherung. Die Schlagrichtung oder die Ausrichtung des Blocks oder die Angreifer wechseln, die Sicherungsspieler müssen auf die Änderungen reagieren, indem sie ihre Position verändern.

Literatur

Anrich, C., Krake, C. & Zacharias, U. (2005). *Supertrainer Volleyball.* Hamburg: rororo.

Baker, J., Côté, J. & Abernethy, B. (2003). Sport-specific practice and the development of expert decision-making in team ball sports. *Journal of Applied Sport Psychology, 15,* 12–25.

Dannenmann, F. (1985). Das Koordinationstraining für den Volleyballspieler. Teil 1: Theoretische Grundlegung, Definition, Bedeutung. *Lehre und Praxis. Lehrbeilage der Deutschen Volleyball-Zeitschrift, 9* (3), 34–35.

Ericsson, K. A., Krampe, R. T. & Tesch-Römer, C. (1993). The role of deliberate practice in the acquisition of expert performance. *Psychological Review, 100,* 363–406.

Fodor, J. A. (1983). *The modularity of mind: An essay on Faculty Psychology.* Cambridge, MA: MIT Press.

Fröhner, B., Radde, K. & Döring, F. (1976). *Volleyball.* Berlin: Sportverlag.

Gasse, M. & Westphal, G. (1997). Zur Bedeutung der Wahrnehmung in der Fehlerkorrektur. In F. Dannenmann (Hrsg.), *Volleyball '96. Facetten des Spiels* (S. 175–187). Hamburg: Czwalina.

Henry, F. M. (1968). Specificity vs. generality in learning motor skill. In R. C. Brown & G. S. Kenyon (Eds.), *Classical studies on physical activity* (pp. 331–340). Englewood Cliffs, NJ: Prentice Hall.

Hirtz, P. (1985). *Koordinative Fähigkeiten im Schulsport. Vielseitig – variantenreich – ungewohnt.* Berlin: Volk und Wissen.

Hirtz, P. (2007). Koordinative Fähigkeiten und Beweglichkeit. In K. Meinel & G. Schnabel (Red.: Schnabel, G. & Krug, J.) (11. Aufl.), *Bewegungslehre – Sportmotorik. Abriss einer Theorie der sportlichen Motorik unter pädagogischem Aspekt* (S. 212–242). Aachen: Meyer & Meyer.

Hohmann, A., Lames, M. & Letzelter, M. (2010). *Einführung in die Trainingswissenschaft* (5. Auflage).Wiebelsheim: Limpert.

Hossner, E.-J. (1995). *Module der Motorik.* Hofmann: Schorndorf.

Hossner, E.-J. (1996). Kognition und Motorik aus der Sicht der Modularitätshypothese: Welche Metaphern? Welche Mechanismen? In R. Daugs, K. Blischke, F. Marschall & H. Müller (Hrsg.), *Kognition und Motorik* (S. 95–100). Hamburg: Czwalina.

Hossner, E.-J. (1997a). Funktionale Strukturen – Module der Motorik. In E. Loosch & M. Tamme (Hrsg.), *Motorik – Struktur und Funktion* (S. 53–64). Hamburg: Czwalina.

Hossner, E.-J. (1997b). Der Rückschlagbaukasten: ein integratives Konzept für das Techniktraining. In B. Hoffmann & P. Koch (Hrsg.), *Integrative Aspekte in Theorie und Praxis der Rückschlagspiele* (S. 25–39). Hamburg: Czwalina.

Hossner, E.-J. (1998). Module der Motorik. Vertikale Fähigkeiten als Basis der Bewegungskoordination. In J. Rostock & K. Zimmermann (Hrsg.), *Theorie und Empirie sportmotorischer Fähigkeiten* (S. 20–27). TU Chemnitz: Eigenverlag.

Hossner, E.-J. (2000). Points to know on nodal points. The Coach. *The Official FIVB Magazine for Volleyball Coaches, (2)*, 6–11.

Hossner, E.-J. (2003). Just do it! Eine theoretische Unterfütterung von zehn Thesen zum Techniktraining. In K. Zentgraf & K. Langolf (Hrsg.), *Volleyball aktuell 2002* (S. 19–32). Hamburg: Czwalina.

Hossner, E.-J. & Kortmann, O. (1995). „Stein auf Stein" – Techniktraining nach dem Baukastenprinzip. In F. Dannenmann (Hrsg.), *Neue Aspekte des Volleyballspiels* (S. 40–58). Hamburg: Czwalina.

Hossner, E.-J. & Kortmann, O. (1996). Techniktraining im Spitzenbereich: ein Baukasten wird gefüllt … In F. Dannenmann (Hrsg.), *Volleyball '95. Das Spiel im Jubiläumsjahr* (S. 9–18). Hamburg: Czwalina.

Hossner, E.-J. & Kortmann, O. (1997). Der „TeBauTe-Volleyball": Zur Validierung eines modularen Trainingskonzepts. In F. Dannenmann (Hrsg.), *Volleyball '96. Facetten des Spiels* (S. 119–139). Hamburg: Czwalina.

Hossner, E.-J., Müller, H. & Voelcker-Rehage, C. (2013). Koordination sportlicher Bewegungen – Sportmotorik. In A. Güllich & M. Krüger (Hrsg.), *Sport: Das Lehrbuch für das Sportstudium (Bachelor)* (S. 215–269). Heidelberg: Springer.

Hossner, E.-J. & Szymanski, B. (1994). „Variatio delectat!" Technikvariationstraining zwischen Spezifität und Variabilität. In F. Dannenmann (Hrsg.), *Volleyball – Vielfalt* (S. 9–25). Hamburg: Czwalina.

Kittel, T.-C. & Lamschik, H. (2008, September). *„Stein auf Stein". Techniktraining nach dem Baukastensystem in der Trainerausbildung des WVV.* Vortrag auf der Referententagung des WVV in Gelsenkirchen.

Kittel, T.-C. & Lamschik, H. (2014). „Ball mit Ball" statt „Ball über die Schnur" – Mehr als ein alternativer Einstieg ins Volleyballspiel! In K. Langolf & R. Roth (Eds.), *Sportwissenschaft und Sportpraxis: Vol. 166. Volleyball international in Forschung und Lehre 2010 bis 2012. 35., 36. und 37. Internationales Hochschul-Symposium des Deutschen Volleyball-Verbandes* (1st ed., pp. 29–54). Hamburg: Feldhaus.

Kortmann, O. & Hossner, E.-J. (1995). Ein Baukasten mit Volleyball-Steinen – Belastung im Volleyball und ein modulares Konzept des Techniktrainings. In F. Dannenmann (Hrsg.), *Belastung im Volleyball* (S. 53–72). DVV: Eigenverlag.

Kortmann, O. & Hossner, E.-J. (1997). Techniktraining nach dem Baukastensystem im Volleyball. In E.-J. Hossner & K. Roth (Hrsg.), *Sport – Spiel – Forschung. Zwischen Trainerbank und Lehrstuhl* (S. 205–207). Hamburg: Czwalina.

Kröger, C. (2010). *Volleyball. Ein spielgemäßes Vermittlungsmodell* (Praxisideen Band 33). Schorndorf: Hofmann.

Loibl, J. (2006). *Basketball. Genetisches Lehren und Lernen* (Praxisideen Band 5) (2. Aufl.). Schorndorf: Hofmann.

Loibl, J. (2001). *Basketball. Genetisches Lehren und Lernen* (Praxisideen Band 5). Schorndorf: Hofmann.

Magill, R. A. (2011). *Motor learning and control. Concepts and applications* (9. Aufl.). New York: McGraw-Hill.

Meinel, K. & Schnabel, G. (Red.: Schnabel, G. & Krug, J.) (2007). *Bewegungslehre – Sportmotorik. Abriss einer Theorie der sportlichen Motorik unter pädagogischem Aspekt* (11. Aufl.). Aachen: Meyer & Meyer.

Neumaier, A. (2006). *Koordinatives Anforderungsprofil und Koordinationstraining* (3. Auflage). Köln: Strauß.

Neumaier, A. & Mechling, H. (1994). Taugt das Konzept „koordinativer Fähigkeiten" als Grundlage für sportartspezifisches Koordinationstraining? In P. Blaser, K. Witte & C. Stucke (Hrsg.), *Steuer- und Regelvorgänge der menschlichen Motorik* (S. 207–212). St. Augustin: Academia.

Roth, K. (2003). Wie verbessert man koordinative Fähigkeiten? In Bielefelder Sportpädagogen, *Methoden im Sportunterricht* (4. Auflage) (S. 85–102). Schorndorf: Hofmann.

Roth, K. & Kröger, C. (2011). *Ballschule. Ein ABC für Spielanfänger* (Praxisideen Band 1) (4. Aufl.). Schorndorf: Hofmann.

Roth, K. & Kröger, C. (1999). *Ballschule. Ein ABC für Spielanfänger* (Praxisideen Band 1). Schorndorf: Hofmann.

Roth, K., Kröger, C. & Memmert, D. (2007). *Ballschule Rückschlagspiele* (Praxisideen Band 7) (2. Aufl.). Schorndorf: Hofmann.

Roth, K., Kröger, C. & Memmert, D. (2002). *Ballschule Rückschlagspiele* (Praxisideen Band 7). Schorndorf: Hofmann.

Schmidt, R. A. (1975). A schema theory of discrete motor skill learning. *Psychological Review, 82,* 225–260.

Schmidt, R. & Lee, T. (2011). *Motor Control and Learning* (5th Edition). Champaign: Human Kinetics.

Thorndike, E. L. & Woodworth, R. S. (1901) The influence of improvement in one mental function upon the efficiency of other functions. *Psychological Review, 8,* 247–261, 384–395, 553–564.

Tilp, M. (2004). Biomechanische Aspekte des Volleyballspiels – Sprung, Schlag und Ballflugbahn. In K. Zentgraf & K. Langolf (Hrsg.), *Volleyball – europaweit 2003* (S. 99–114). Hamburg: Czwalina.

Voigt, H.-F. (2000). Theorie und Praxis in der Sportlehrerausbildung. In H.-F. Voigt & G. Jendrusch (Hrsg.) *Sportlehrerausbildung wofür?* (S. 111–136). Hamburg: Czwalina.

Voigt, H.-F. (2003). *Koordinationstraining im Volleyball.* Köln: Strauß.

Voigt, H.-F., Richter, E. & Jendrusch, G. (2010). *betreuen, fördern, fordern. Band 1. Das Konzept.* Hamburg: Feldhaus.

Voigt, H.-F. & Jendrusch, G. (2013). *betreuen, fördern, fordern. Band 2. Training und Spiel.* Hamburg: Feldhaus.

Westphal, G., Gasse, M. & Richtering, G. (1987). *Entscheiden und Handeln im Sportspiel.* Münster: Philippka.

Wagner, H.-J. (1989). Fehlerkorrektur im Volleyball. In F. Dannenmann (Hrsg.), *Volleyball erforschen* (S. 179–192). Ahrensburg: Czwalina.

Wagner, H.-J. (1990). Die Anforderungen variieren. *Volleyballtraining, 14* (3), 42–44.

Wolpert, D. M. & Kawato, M. (1998). Multiple paired forward and inverse models for motor control. *Neural Networks, 11,* 1317–1329.

Legende

⊐ ⊂	Spieler mit Ausrichtung zum Ball
⊏ ⊐	Spieler nach Laufweg/Ortsveränderung/Drehung
Q̲	Netzspieler
#	Homeposition
⟶ ⤳	Ballwege
⤵	Wurf/Anwurf/Rebound
⇢ ⤏	Laufwege
⤴	Angriffsschlag im Stand/Sprung
1, 2, 3 …	Reihenfolge der Aktionen
A, B, C	Spieler
A	Angriffsspieler
An	Annahmespieler
MB/B	Mittelblock/Block
D	Diagonalspieler
Z	Zuspieler
SA	Schnellangreifer
T	Trainer /Spieler in Trainerfunktion
●	Ball
❁	Ball nach Flugkurve
⊞	Ballwagen

aus Voigt, H.-F. & Jendrusch, G. (2013). *betreuen, fördern, fordern. Band 2. Training und Spiel.* Hamburg: Feldhaus. (angepasst)